REGENSBURG IM FOKUS

70 JAHRE STADTENTWICKLUNG AUS DER VOGELPERSPEKTIVE

STADT
REGENSBURG

Aktualisierte und vollständig überarbeitete Neuauflage

Herausgeber:
Stadt Regensburg
Amt für Stadtentwicklung
Minoritenweg 8-10, 93047 Regensburg
www.regensburg.de

Verantwortlich:
Anton Sedlmeier

Layout:
Janda + Roscher GmbH & Co. KG
Roritzerstraße 10 b, 93047 Regensburg
www.janda-roscher.de

Luftaufnahmen:
Luftbild Nürnberg, Hajo Dietz
Jochensteinstraße 13, 90480 Nürnberg
www.nuernbergluftbild.de

Luftbildverlag Hans Bertram GmbH
Am Flughafen 44, 87766 Memmingerberg
www.luftbild-bertram.de

Luftbild Lorenz Wolf
Regensburg-Zeitlarn, Firma wurde aufgelöst

Strähle GmbH & Co. KG, Paul Ernst Strähle
Abteilung Luftbild
Jakob-Schüle-Straße 60, 73655 Plüderhausen
www.straehle-luftbild.de

Westdeutscher Luftfoto, Palle Thomsen
Bremen, 1954 bis 1971

Bavaria Flugbild GmbH,
Werner Schlund
Schillerstraße 13, 84453 Mühldorf
www.werner-schlund.de

Druck und Verlag:
Friedrich Pustet KG
Gutenbergstraße 8, 93051 Regensburg
www.verlag-pustet.de

© der 1. Auflage 2008: Stadt Regensburg
© der 2. Auflage 2010: Verlag Friedrich Pustet

ISBN Nummer:
978-3-7917-2345-7

Inhalt

Stadtbereich Altstadt und Stadtamhof

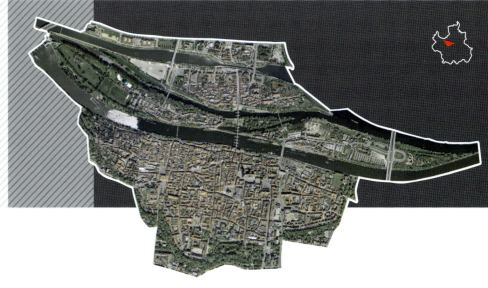

Nordwestlicher Stadtbereich

Steinweg – Pfaffenstein,
Westenviertel,
Ober- und Niederwinzer – Kager und
Innenstadt südlich des Alleengürtels

Nordöstlicher Stadtbereich

Sallern – Gallingkofen, Konradsiedlung – Wutzlhofen, Brandlberg – Keilberg, Reinhausen, Weichs und Schwabelweis

Südöstlicher Stadtbereich

Ostenviertel,
Kasernenviertel,
Burgweinting – Harting und
Galgenberg östlich der Galgenbergstraße

Südwestlicher Stadtbereich

Galgenberg,
Kumpfmühl – Ziegetsdorf – Neuprüll,
Großprüfening – Dechbetten – Königswiesen
und Oberisling – Graß

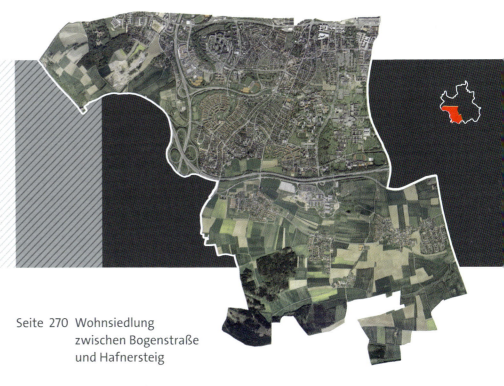

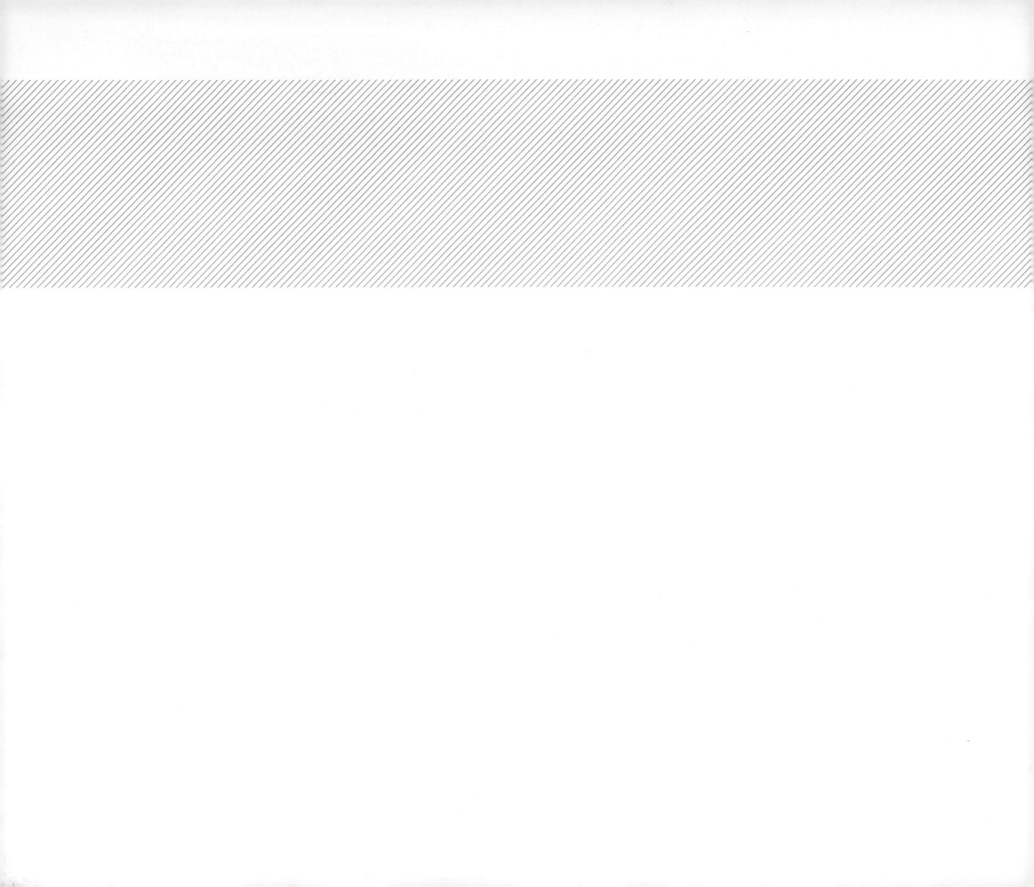

Geleitwort des Oberbürgermeisters

Luftbilder üben eine ganz besondere Faszination aus. Als Betrachter steht man im wahrsten Sinn des Wortes über den Dingen, erkennt Strukturen und Zusammenhänge, die einem aus der Froschperspektive oft verborgen bleiben, konzentriert sich auf das Wesentliche und erschließt sich so aufgrund der veränderten Perspektive nicht selten auch ein neues Verständnis. Das erklärt unter anderem, warum sich viele Menschen mühevollen Turm- oder sogar Bergbesteigungen unterziehen und warum Fliegen ein alter Menschheitstraum ist.

Nun gibt es mittlerweile ja zahlreiche Bildbände und Kalender mit Luftbildaufnahmen über Regensburg. Was macht aber gerade diesen Luftbildband so einzigartig? Es ist die Dimension „Zeit", die uns zu einer spannenden Reise von der Vergangenheit in die Gegenwart einlädt, wie sie den Regensburgerinnen und Regensburgern so noch nie geboten wurde. Obwohl wir alle tagtäglich erleben, wie sich unsere Stadt verändert, wird uns das ganze Ausmaß der sich langsam und über lange Zeiträume

vollziehenden Veränderungen zunächst kaum bewusst. Erst durch den rasanten Zeitsprung, den die nebeneinander gestellten Luftbilder von früher und heute erzeugen, bekommen wir eine Vorstellung des vollzogenen Wandels. So war es zwar überraschend, aber nicht verwunderlich, dass die erste Auflage dieses Werkes innerhalb eines Jahres vergriffen war.

Wer den Bildband in Händen hält, wird sich bisweilen vorkommen wie bei einem Klassentreffen, viele Jahre nach Beendigung der Schulzeit. Manches hat sich kaum verändert, so als wäre die Zeit spurlos vorüber gegangen, anderes dagegen erkennt man kaum wieder. So werden die Aufnahmen vermutlich ganz unterschiedliche Reaktionen hervorrufen. Einmal berechtigten Stolz über die Entwicklung unserer Stadt zur modernen prosperierenden Metropole. Vielleicht aber auch Wehmut angesichts der Veränderungen ehemals vertrauter Straßen, Plätze, Gebäude und Freiflächen. Ganz sicher aber Erleichterung darüber, dass wir uns vieles, was die Qualität dieser Stadt nach wie vor aus-

macht, über die Jahrzehnte bewahren konnten. Die Idee für das vorliegende Werk gab es bereits zu der Zeit, als das Amt für Stadtentwicklung noch von mir geleitet wurde – und das ist bekanntlich schon eine ganze Weile her. Um eine Idee aber Wirklichkeit werden zu lassen, ist ein Maß an Einsatz und Leidenschaft notwendig, das weit über das übliche, im Arbeitsalltag geforderte Soll hinausgeht. Mein Dank gilt deshalb insbesondere den Mitarbeiterinnen und Mitarbeitern vom Amt für Stadtentwicklung, mit Herrn Anton Sedlmeier an der Spitze, und den Herren Klaus Heilmeier und Dr. Eugen Trapp von der Abteilung Denkmalpflege für ihr großartiges Engagement, das sie in die Fertigstellung dieser Neuauflage eingebracht haben. Das Ergebnis ist im wahrsten Sinne „sehenswert" und wird sicher im Bücherregal eines jeden Regensburg-Liebhabers seinen Platz finden. Allein schon um die beliebte Frage beantworten zu können: War früher tatsächlich alles besser?

Hans Schaidinger

Vorwort der Planungs- und Baureferentin

Der vorliegende Bildband reiht sich – wie auch schon der Stadtatlas Regensburg – nahtlos in eine Reihe von Veröffentlichungen über unsere Stadt ein, die auf besonders anschauliche Weise ein Stück Regensburger Stadtentwicklung erzählen. Dabei liegt bei „Regensburg im Fokus" das Besondere in der luftigen Art und Weise, die aus der Vogelperspektive einen etwas anderen Blick auf Regensburg ermöglicht. Der Bildband stellt jeweils zwei Bilder mit demselben Bildausschnitt gegenüber. Die Fotos auf der linken Seite stammen weitestgehend aus den 50er Jahren des letzten Jahrhunderts, während die Fotos auf der rechten Seite überwiegend im Jahr 2007 aufgenommen wurden.

Luftbilder leisten wegen ihrer Anschaulichkeit einen besonders wertvollen Beitrag zur Dokumentation von Stadtentwicklung. Die herausragendste Eigenschaft ist, dass durch die ungewöhnliche Perspektive ein hohes Maß an Aufmerksamkeit erzeugt wird. Das Luftbild stellt eine sehr gute Möglichkeit dar, sowohl Neues wie auch Altes einprägsam zu präsentieren, Orte zu beschreiben und strukturelle Zusammenhänge darzustellen, die in der Horizontalen verschlossen bleiben. So schafft es das Buch überaus eindrucksvoll, die dynamische Entwicklung, die Regensburg vor allem in den letzten 25 Jahren vollzogen hat, in den Fotos nachzuzeichnen.

Durch das wirtschaftliche Wachstum stieg auch der Bedarf an Wohnraum in rasantem Maße an – in dieser Zeit wurden auf vormals weitestgehend unbebauten Flächen neue Stadtquartiere für ganz unterschiedliche Bevölkerungsgruppen geschaffen, wie die Beispiele Königswiesen Nord oder Süd belegen. Die bebaute Siedlungsfläche hat insbesondere im letzten Vierteljahrhundert beachtlich zugenommen, wodurch der heute vorhandene, sehr kompakte Siedlungskörper erst entstanden ist. Gleichzeitig waren durch den wirtschaftlichen Aufschwung umfangreiche Infrastrukturprojekte, insbesondere Straßenbaumaßnahmen, notwendig, die sich ebenfalls auf verschiedenen Bildern ablesen lassen. Bei etwas genauerem Hinsehen können sogar die Strategien und Leitbilder der Stadtentwicklung der damaligen Zeit nachvollzogen werden. Störendes Gewerbe, das in den 1950er Jahren häufig noch unmittelbar neben Wohngebieten angesiedelt war, wurde in Gewerbegebiete in Randlagen verlagert und durch Wohnen oder wohnverträgliches Gewerbe ersetzt. Gleichzeitig sind viele Parks und Grünflächen entstanden, die auf den aktuellen Bildern eindrucksvoll farbig ins Auge springen.

Bei dem Blick aus der Luft rückt außerdem die sonst häufig vergessene so genannte „fünfte Fassade" in den Fokus der Betrachtung. Die Stadt Regensburg hat die Bedeutung der Dachlandschaft, insbesondere in der Altstadt, schon lange erkannt, was sich nicht zuletzt in der Altstadtschutzsatzung widerspiegelt, die der Gestaltung der Dachflächen eine besondere Bedeutung beimisst. Die Luftbilder vom Altstadtensemble zeigen zudem auf, welche umfangreichen Sanierungsmaßnahmen hier in den letzten Jahrzehnten stattgefunden haben, und sie verdeutlichen darüber hinaus, dass dabei großer Wert auf die Erhaltung der alten Strukturen und der historischen Dachformen gelegt worden ist.

Nicht zuletzt ist dieser Bildband für mich als Planungs- und Baureferentin eine wichtige Planungsgrundlage, die mir verdeutlicht, welche bedeutenden und raumprägenden Auswirkungen die Planungen und Baumaßnahmen, die in meinem Referat maßgeblich mit gestaltet werden, auf die derzeitige und zukünftige Regensburger Stadtstruktur haben. Gleichermaßen regt das Buch dazu an, den Blick ab und zu von den kleinen Details, die oft im Mittelpunkt der Betrachtung stehen, zu einer übergeordneten Perspektive hin zu wenden, um sich die größeren strukturellen Zusammenhänge immer wieder einmal vor Augen zu führen.

Christine Schimpfer
Christine Schimpfermann

Klaus Heilmeier und Eugen Trapp
Amt für Archiv und Denkmalpflege

Eine Stadt im Fokus – Historische Anmerkungen

119 Aufnahmen ermöglichen uns einen detaillierten Blick auf Regensburg, so wie er sich vor rund 50 Jahren aus der Vogelperspektive geboten hat.
Die Luftbilder entstanden größtenteils zwischen 1956 und 1958. Fotografiert wurden von den Piloten Dinge, die damals für die Stadt wichtig waren: Gerade entstehende Wohnquartiere, Industriebetriebe und Gewerbegebiete, das Hafengebiet oder ganz einfach die klassischen Sehenswürdigkeiten Regensburgs.

Ausgeblendet wurden Problemzonen, wie z. B. die Notwohnanlage am so genannten Pulverturm oder die Barackensiedlungen an der Peripherie, wo die Stadt jene Bürgerinnen und Bürger unterbringen musste, die nach dem Zweiten Weltkrieg nicht mehr Fuß fassen konnten. Es entsteht daher kein komplett objektives Bild unserer Stadt, sondern ein durch die Auswahl der Motive und nicht zuletzt auch durch die ästhetische Qualität der Schwarz-Weiß-Darstellung gefiltertes Mosaik.

Die 1950er Jahre sind heute längst verklärt. Goggomobil und Kabinenroller, Gummibaum und Nierentische, Röhrenjeans, Schlager und Tütenlampen stehen für eine Dekade, in der die Wirtschaft boomte, klare Regeln galten und Optimismus zum Lebensgefühl wurde. Dass dies jedoch nicht immer und bei allen so war, berichten uns die Zeitgenossen.

Autohaus Gebhardt, Friedenstraße 1956

Bar im städtischen Hallenbad 1955

Politik

In den 1950er Jahren in Regensburg zu leben, war sicher weit weniger spektakulär als etwa in den Boomregionen Westdeutschlands. Der Zweite Weltkrieg hatte die Stadt in eine Randlage gebracht. Auch von „Notstandsgebiet" sprach man damals. Nur 60 Kilometer nordöstlich an der tschechischen Grenze riegelte der Eiserne Vorhang Wirtschaftsbeziehungen und persönliche Kontakte weitestgehend ab.

Problematisch waren auch schon die Beziehungen zum „anderen" Deutschland, der Deutschen Demokratischen Republik. Der Kalte Krieg hatte bereits begonnen. Die große Weltpolitik lebte vom weltanschaulich geprägten Ost-West-Gegensatz. Im Weißen Haus regierte Dwight D. Eisenhower, sein Gegenspieler im Kreml war Nikita Chruschtschow. In der provisorischen Bundeshauptstadt Bonn sorgte Konrad Adenauer für politische Korrektheit und Berechenbarkeit. Das politische Gewicht der Bundesrepublik Deutsch-

land war jedoch angesichts der bedingungslosen Kapitulation 1945 und der objektiven Kriegsschuld Deutschlands verschwindend gering.

In der bayerischen Staatskanzlei führten in den 1950er Jahren drei Ministerpräsidenten Regie: Auf Hans Ehard (CSU) folgte 1954 der SPD-Mann Wilhelm Hoegner und auf diesen 1957 Hanns Seidel (CSU).

An der Spitze der Stadt Regensburg stand von 1952 bis 1959 Oberbürgermeister Hans Herrmann. Bereits seit den 1920er Jahren in der Stadtverwaltung tätig und von 1924 bis 1945 Bürgermeister, stellte er für viele Regensburgerinnen und Regensburger die Verbindung zur demokratischen Ordnung der Weimarer Republik her. Sein früheres Wirken als Bürgermeister in der Zeit des Nationalsozialismus sahen die Zeitgenossen nicht kritisch. Im Stadtrat waren in der Periode 1952 bis 1956 die großen Volksparteien (CSU mit 37,6 Prozent und SPD mit 31,9 Prozent) tonangebend. Bei den Stadtratswahlen 1956

erhielt die CSU sogar 44,9 Prozent der Stimmen, während die SPD auf 32,7 Prozent kam. Die so genannten kleinen Parteien, konfessionelle und landsmannschaftliche Gruppierungen, spielten in den 1950er Jahren keine entscheidende Rolle. Mit dem Tod Hans Herrmanns am 20. August 1959 und dem anschließenden politischen Wechsel zum SPD-Oberbürgermeister Rudolf Schlichtinger ging dieses Jahrzehnt auch politisch seinem Ende entgegen.

Gesellschaft

Ein großes Problem der Regensburger Stadtgesellschaft war die Integration der nach 1945 zugewanderten Flüchtlinge und Vetriebenen aus den ehemaligen deutschen Ostgebieten. Als Zeichen der Verbundenheit mit den Heimatvertriebenen übernahm die Stadt Regensburg 1951 die Patenschaft für die sudetendeutsche Volksgruppe. 1952 war jeder fünfte Regensburger ein Neubürger. Das heißt, dass für etwa 20 000 Menschen Regensburg zur neuen Heimat werden sollte. Noch ein Jahrzehnt später bekannte sich dieser Bevölkerungsanteil nahezu geschlossen zur eigenen landsmannschaftlichen Identität.

Groß waren die Missverständnisse und Vorbehalte unter Einheimischen und Zuwanderern. Trotzdem kann in der Rückschau die Integration als gelungen bezeichnet werden.

Eine bedeutende Rolle im gesellschaftlichen Leben der Stadt spielte in den 1950er Jahren das Fürstenhaus Thurn und Taxis. Das spanische Hofzeremoniell und das soziale Engagement von Fürst Albert und Fürstin Margarete beeindruckten die Regensburgerinnen und Regensburger gleichermaßen, zumal das Fürstenhaus in der Zeit des Nationalsozialismus kritische Distanz zum Regime gewahrt hatte.

Die katholische Kirche verfügte mit Erzbischof Dr. Michael Buchberger auf dem Regensburger Bischofsstuhl über eine einflussreiche Persönlichkeit. Bereits in den 1930er Jahren hatte sich Buchberger durch die Herausgabe des zehnbändigen Lexikons für Theologie und Kirche einen Namen als Wissenschaftler gemacht. Die Rolle der katholischen Kirche in der Stadt kam nicht zuletzt bei der alljährlichen Fronleichnamsprozession zum Ausdruck, bei der Vertreter aller relevanten gesellschaftlichen Gruppierungen teilnahmen und dabei ein eindrucksvolles Bekenntnis zum katholischen Glauben ablegten.

Die evangelisch-lutherische Gemeinde erhielt ab 1945 durch zahlreiche Heimatvertriebene aus Pommern, Ostpreußen, Siebenbürgen und anderen Gebieten neue Impulse. Das Anwachsen der Gemeinde spiegelte sich nicht zuletzt im regen Kirchenbau der 1950er Jahre wider.

Die zahlreichen höheren Schulen und Fachschulen der Stadt, deren Einzugsgebiet weit in den ostbayerischen Raum reichte, waren Teil der Stadtgesellschaft. Eine wichtige Rolle für das gesellschaftliche Leben spielten auch die Aktivitäten der Sport- und Kulturvereine. Über die Grenzen der Stadt hinaus bekannt war die Fußballmannschaft des SSV Jahn, die damals zeitweise in der höchsten deutschen Liga spielte. Legendär in Bezug auf Kreativität und Umfang blieben auch die Regensburger Faschingszüge der 1950er Jahre.

Roxy-Bar 1955

Kultur und Medien

„Die Regensburger Komödie ist vortrefflich!" Diesen Kaiser Josef II. zugeschriebenen Ausspruch zitierte Max Maria Rheude, von 1951 bis zu seinem Tod 1962 Feuilletonchef der „Mittelbayerischen Zeitung", in einem Beitrag für die Zeitschrift „Bayernland". In der Tat manifestierte sich das kulturelle Leben Regensburgs in dieser Dekade vor allem im Spielplan des geliebten Stadttheaters. Schauspiel, Oper, Operette und Ballett – trotz der finanziellen Einschränkungen städtischer Haushaltspolitik bot das Haus seinen Besucherinnen und Besuchern alle Sparten. Das Ensemble hatte in der Nachkriegszeit personelle Verstärkung mit Kräften aus dem Sudetenland und Schlesien bekommen. „Das Publikum erfreut sich dieser Tendenz und heißt sie willkommen", diagnostizierte Rheude.

Auch ein anderer Satz aus seiner Feder beschreibt die Stimmung gut: „Kathedrale und Theater sind zwei Angelpunkte des Regensburger Lebens." Man denkt hierbei auch an die Regensburger Domspatzen, die als Botschafter der Kultur den Namen Regensburgs in die Welt hinaustrugen. Sigfrid Färber, Dramaturg, Regisseur und ab 1956 Städtischer Fremdenverkehrsdirektor, schrieb damals: „In der Singkunst der Domspatzen ist ein sehr altes, zeitweise vergessenes Kulturerbe der Donaustadt in unserer Zeit wieder aufs schönste lebendig geworden, und am schönsten ist es auch, den Chor bei einem festlichen Empfang im kerzenerleuchteten Reichssaal des Alten Rathauses und vor allem an einem Hochfest im hohen Dom St. Peter selbst zu erleben, wenn hier die vielstimmige Polyphonie der alten Meister Palestrina und Orlando di Lasso oder die Chorwerke aus dem Geist der großen Regensburger Tradition des Cäcilienvereins einen wundervollen Gleichklang zu den glühenden Farben der gotischen Mosaikfenster bilden."

Neben Theater und Chorgesang prägten auch Vertreter der bildenden Kunst und Schriftsteller Regensburgs kulturelles Leben. Die Maler und Grafiker Xaver Fuhr, Otto Baumann und Willi Ulfig, ferner Kurt von Unruh und Jo Lindinger, stehen in den 1950er Jahren für höchst kreative Phasen. Durch die damals blühende „Kunst am Bau" blieben ihre Arbeiten nicht auf Galerien und die Zirkel der Interessierten beschränkt. Wandbilder und Graffiti gehörten wie selbstverständlich zum Erscheinungsbild von damals erbauten Wohnblöcken, Schulen und anderen öffentlichen Gebäuden.

Für das literarische Leben war Georg Britting noch immer ein wichtiger Bezugspunkt, da er auch nach seinem Umzug nach München 1951 den Kontakt zu seiner Vaterstadt Regensburg pflegte.

Eine wichtige kulturelle Institution war das 1946 von der amerikanischen Besatzungsmacht ins Leben gerufene Amerika-Haus, das 1955 als Deutsch-Amerikanisches Institut in das Thon-Dittmer-Palais übersiedelte. Mit Veranstaltungen, einem Film- und Tonarchiv sowie einer Bibliothek, in deren Lesesaal amerikanische Zeitschriften auslagen, sollten vor allem junge Deutsche im Rahmen der „reeducation" mit angloamerikanischer Kultur und Weltanschauung vertraut gemacht werden. Die Regensburger Jugend war dankbar für das Angebot, konnte sie sich doch nicht zuletzt auch über die US-amerikanische Musikszene informieren.

Eines vorher noch nicht bekannten Interesses erfreute sich der Film. Wenngleich nicht alles Filmkunst war, was damals in den 13 Regensburger Lichtspielhäusern lief, kam dieser Form der Unterhaltung große soziokulturelle Bedeutung zu. Die Kinos waren auch nicht, wie heute, im Stadtzentrum konzentriert, sondern man fand sie in nahezu allen Stadtteilen.

Die Presselandschaft wurde durch zwei große Tageszeitungen geprägt: den konservativen, 1949 gegründeten „Tagesanzeiger" und die seit 1945 lizenzierte und der Sozialdemokratie nahestehende „Mittelbayerische Zeitung". Eine wichtige Ergänzung stellte die Regensburger „Woche" dar, ein Wochenblatt unter SPD-Einfluss, das angesichts der lokalpolitischen Frontstellungen in den 1950er Jahren seine Glanzzeit erlebte. Beachtlicher Verbreitung erfreute sich ferner das wöchentlich erscheinende Regensburger Bistumsblatt, das als Teil der katholischen Publizistik nicht nur über Entwicklungen im Bistum berichtete, sondern verstärkt auch Regensburger Themen aufgriff.

Wirtschaft und Verkehr

Gemeinhin gilt das Regensburg der 1950er Jahre als Beamten- und Verwaltungsstadt, fern jeder industriellen Perspektive. Diese heute noch verbreitete Ansicht ist nicht ganz richtig. Die Einwohnerzahl stieg von 117 300 im Jahre 1950 auf 125 000 im Jahre 1961. Damit war Regensburg nach München, Nürnberg und Augsburg die viertgrößte Stadt Bayerns. Wenngleich die wirtschaftliche Entwicklung nach dem Krieg in den drei großen bayerischen Städten früher eingesetzt hat und dynamischer verlaufen ist, waren auch die Bemühungen Regensburgs hinsichtlich der Ansiedlung von Gewerbe- und Industriebetrieben durchaus von Erfolg gekrönt. Insbesondere gegen Ende des Jahrzehnts, als in den Ballungsräumen bereits Arbeitskräftemangel herrschte, siedelte sich in Regensburg und im weiteren Umfeld eine Reihe von Großbetrieben an. Die Luftbilder legen davon Zeugnis ab.

Die historischen Fotos zeigen auch den einen oder anderen Betrieb, der sich, oft aus kleinen Anfängen heraus, in den 1950er Jahren bestens entwickelte. Viele Unternehmer hatten ihre Produktionsstätten in den „Westen" verlegt oder waren als Vertriebene und Flüchtlinge zum Neubeginn gezwungen gewesen, wie beispielsweise Emil Fischer (Elfi), der seine Strumpffabrik ab 1950 in Regensburg aufbaute. Dass sich die neuen Firmen mit ihrem Produktionsstandort identifizierten, entnehmen wir einer Werbeanzeige der Elfi-Strumpffabrik GmbH: *„Eng verbunden mit dem wirtschaftlichen Aufstieg der Donaustadt Regensburg ist die 1950 entstandene Elfi-Strumpffabrik, in deren Hallen Hunderte von Einheimischen und Neubürgern Arbeit und Brot gefunden haben. Aus kleinen Anfängen aufstrebend, zählt das Werk heute zu den führenden Strumpffabriken. Der jährliche Ausstoß von Millionen eleganter Damenstrümpfe trägt den Namen der ehrwürdigen Stadt Regensburg in alle Welt."*

Freilich waren nicht alle neu gegründeten Unternehmen erfolgreich. Insbesondere kleinere, kapitalschwache Betriebe konnten konjunkturelle Schwankungen, die es auch in den 1950er Jahren gab, kaum überstehen. Neben den neu gegründeten Firmen waren in der Stadt die oft seit Jahrzehnten bestehenden mittelständischen Betriebe aus dem Brauerei-, Druckerei- und Baugewerbe aktiv. Bischofshof, Brauhaus Regensburg und später Thurn und Taxis standen für Qualitätsbiere. Pustet, Gebr. Held, Aumüller und Niedermayr waren bekannt für beste Druckerzeugnisse. Die Baufirmen Riepl, Klug, Aukofer und Tausendpfund erhielten Aufträge aus der ganzen Bundesrepublik.

Die stärksten Impulse gingen naturgemäß von den Großunternehmen aus, wie etwa der Chemischen Fabrik von Heyden (ehemals Dresden-Radebeul), die 1945 ihren Hauptsitz nach Bayern verlegt hatte und ab 1954 am Standort Donaustaufer Straße produzierte. Die größten Arbeitgeber waren im Bereich Elektrotechnik, Feinmechanik und Optik zu finden: Siemens, das Sachsenwerk und die Maschinenfabrik Reinhausen boten zusammen mit weiteren kleinen Betrieben über 4 200 Arbeitsplätze. Ein weiteres Standbein der städtischen Wirtschaft war die Leder-, Textil- und Bekleidungsindustrie. In dieser Branche konnte die Zahl der – meist von Frauen eingenommenen – Arbeitsplätze innerhalb eines Jahrzehnts nahezu vervierfacht werden. Sie lag Ende der 1950er Jahre bei knapp 3 700.

Trotz dieser positiven Daten war die Industrialisierung Regensburgs noch immer unterentwickelt. Nur 62 von 1 000 Einwohnern waren in der Industrie beschäftigt. Die wesentlich kleineren oberpfälzischen Städte Amberg, Weiden und Schwandorf mit ihren Großbetrieben zur Porzellanherstellung, Eisenverhüttung und Aluminiumerzeugung wiesen weitaus höhere Industrialisierungsgrade auf. Die Ansiedlung weiterer Unternehmen in Regensburg war jedoch aufgrund des abzusehenden Mangels an Arbeitskräften kaum realisierbar. Zudem hielt die Abwanderung von Arbeitskräften aus Ostbayern in die Ballungsräume an – ein Phänomen, das sich auch durch arbeitsmarktpolitische Gegensteuerung nicht wesentlich beeinflussen ließ. So lag die Arbeitslosigkeit in Regensburg am 30. September 1957 bei 4,2 Prozent, während im Bundesdurchschnitt mit 1,9 Prozent nach volkswirtschaftlichen Kriterien sogar Vollbeschäftigung erreicht war. Das zur Verfügung stehende Arbeitnehmerpotenzial war daher nahezu ausgeschöpft. Eine Lösung des Problems brachte erst die Anwerbung von Gastarbeitern, die Anfang der 1960er Jahre einsetzte.

Viele der in den 1950er Jahren nach Regensburg gekommenen Unternehmen existieren mittlerweile nicht mehr. Ganze Industriezweige, wie die Mode- und Textilbranche (Elfi-Strumpffabrik, Triumph, Bleimund, Rieger + Schildt, Teppichwerk etc.), haben vor allem in den 1970er und 1980er Jahren infolge der steigenden Lohnkosten ihre Produktion eingestellt oder ins Ausland verlagert.

Andere Betriebe sind in größeren, international operierenden Konzernen aufgegangen. Nachhaltig war der Wandel auch in der Grund- und Baustoff-industrie sowie im Fahrzeug- und Maschinenbau. Ziegeleien wurden geschlossen, und einst so beliebte Erzeugnisse wie der Messerschmitt-Kabinenroller erwiesen sich langfristig als nicht wettbewerbsfähig. So wird der Betrachter der historischen Bilder auf Firmennamen stoßen, die er allenfalls noch aus den Erzählungen seiner Eltern und Großeltern kennt. Aber all diese verschwundenen Betriebe sind Teil der Industrie- und Wirtschaftsgeschichte unserer Stadt.

Anschaulich dokumentiert die Gegenüberstellung der Bilder auch den Wandel im Verkehrsgewerbe und die allmähliche Anbindung Regensburgs an die überregionalen Verkehrswege.

Kleiderfertigung Firma Bleimund 1949

Fertigung des „Messerschmitt-Kabinenrollers 1" 1949

Hafenwirtschaft

Wie ein roter Faden ziehen sich in den 1950er Jahren Artikel über den Hafen und die Donauschifffahrt durch die Wirtschaftsseiten der Tagespresse und die Berichte der Industrie- und Handelskammer Regensburg.

Obwohl nach 1945 alle Außenhandelsbeziehungen Deutschlands mit den Donauländern zerstört waren und nur wenige Flusskilometer unterhalb von Linz der russische Einflussbereich begann, entwickelte sich bereits ab 1947 ein regelmäßiger Warenverkehr über Regensburg zu den Vereinigten Österreichischen Stahlwerken. Insbesondere Kohle wurde von der Ruhr nach Österreich transportiert. 1950 liefen schon 1,3 Millionen Tonnen, vor allem Kohle, Erz und Stahl, über den Regensburger Hafen. Dies übertraf bereits den Rekordumschlag aus der Vorkriegszeit. Bis 1957 stieg der Güterverkehr weiter auf 3,15 Millionen Tonnen im Jahr an – eine Menge, die nur in permanenten Tag- und Nachtschichten bewältigt werden konnte.

In den Umschlagbetrieben und an den Kais fanden 1500 Arbeiter und Angestellte ihr Auskommen, die Werften boten 600 Arbeitsplätze, und in der heimischen Schifffahrt selbst standen im Land- und Fahrdienst rund 800 Beschäftigte auf den Lohnlisten. Wohl nirgends in Regensburg war der Aufschwung der Nachkriegszeit deutlicher sichtbar als an der Donaulände unterhalb der Eisernen Brücke bis hinab zu den Kais des Luitpold- und des Petroleumhafens.

Da die Kapazität der bestehenden Hafenanlagen nur bei etwa 1,3 Millionen Tonnen im Jahr lag, kam es gegen Ende der 1950er Jahre zum Neubau eines weiteren Hafenbeckens.

Tram vor dem Justizpalast 1960

Stadt- und Verkehrsplanung, Altstadtsanierung

Die neue geopolitische Lage der Stadt nach dem Zweiten Weltkrieg musste auch ihren Niederschlag in der Stadt- und Verkehrsplanung finden. 1956 legte das Stadtbauamt den so genannten Wirtschaftsplan vor, einen Vorläufer des Flächennutzungsplans, in dem die großen Linien der Stadt- und Verkehrsplanung für die folgenden 20 Jahre skizziert waren. Dabei ging es vor allem um die Fragen, wo zukünftig Wohnbau- und Gewerbeflächen entstehen sollten und welche Grundstücke es für überregionale Verkehrsverbindungen freizuhalten galt. Verwaltung und Stadtrat waren sich einig, dass im Westen der Stadt gewohnt werden sollte, während im Osten und Südosten Entwicklungsmöglichkeiten für Gewerbe und Industrie geschaffen werden sollten.

Dieser Maxime blieb man im Wesentlichen auch treu, doch gelang es nicht, die Eigendynamik auf dem weitläufigen Gelände des ehemaligen Messerschmitt-Flugzeugwerks im Stadtwesten nachhaltig zu beeinflussen. Schon Ende der 1940er Jahre hatten sich dort entgegen der Zielvorstellung des Stadtbauamtes Nachfolgebetriebe etabliert und Jahre später erwarb sogar die Stadt selbst große Flächen von Messerschmitt, um diese für Betriebsansiedlungen (z. B. Siemens) zur Verfügung zu stellen.

Der öffentlich geförderte Wohnungsbau erlebte in den 1950er Jahren einen Boom. Die Schwerpunkte lagen im
Westen der Stadt (Lessingstraße, Teile der Margaretenau) sowie im Süden
und Südosten (Bereich Eisbuckel, Kart-
hauserstraße, Hermann-Geib-Straße,
Humboldtstraße, Greflingerstraße, Kasernenviertel). Ferner entstanden im
Osten Wohnbauten am Hohen Kreuz
und im Norden im Bereich der Brandlberger Straße und der Isarstraße.

Jahr für Jahr kamen etwa 1 000 neue
Wohnungen dazu. Angesichts der Wohnungsnot war dies aber nur ein *„Trop-
fen auf den heißen Stein"*, wie Oberbürgermeister Hans Herrmann 1957 in
einem Beitrag für den „Tagesanzeiger"
bemerkte. Von den 9 000 Familien,
die damals eine neue Wohnung such-
ten, musste die Hälfte der Kategorie
„Elends- und Katastrophenfälle" zugeordnet werden.

Am Wohnungsbau beteiligten sich eine Reihe von Genossenschaften, Bau-
vereinen und Gesellschaften, so etwa
der Wolfgangsbauverein e.V., die Stadtbau GmbH, die Baugenossenschaft
Margaretenau, die Baugenossenschaft
Stadtamhof und Umgebung eG, die
Postbaugenossenschaft eG, die Bun-
desbahnwohnungsgesellschaft, die Gemeinnützige Baugenossenschaft Neue
Heimat, das Katholische Wohnungs-
und Siedlungswerk und die Landeswohnungsfürsorge, aber auch kirchli-
che Stiftungen und private Investoren,
wie Tausendpfund oder der Bayerische
Lloyd.

In der Altstadt lebten in den 1950er
Jahren etwa 30 000 Menschen. Sie war
damit der am dichtesten bevölkerte
Wohnstandort Regensburgs. Die baulichen Mängel an den historischen Gebäuden waren unübersehbar. Das Problem der Altstadtsanierung war spätestens ab 1955 auf der Tagesordnung
der Bauverwaltung. Erste konzeptio-
nelle Überlegungen wurden angestellt
und Geldgeber gesucht. Letztlich gelang es, die Sanierung der Regensburger Altstadt als nationale Aufgabe darzustellen. Denn schließlich handelte
es sich seit 1945 um die einzige in ihrer
baulichen Geschlossenheit fast unverändert erhaltene mittelalterliche Groß-
stadt Deutschlands.

Die ersten Häuser wurden 1959 in der
Keplerstraße saniert. Clemens Stein-
bauer, Regierungsbaumeister beim
Stadtbauamt, bezeichnete die Altstadtsanierung damals als *„Aufgabe einer Generation"*. Inzwischen ist bereits
die dritte Generation dabei, sich dieser
für Regensburg so wichtigen Herausforderung zu stellen. In der Frühzeit der
Altstadtsanierung standen allerdings
nicht die historischen Gebäude im Vordergrund. Vielmehr ging es um die Lösung der vielschichtigen Verkehrsprobleme. *„Wer in Regensburg ein Auto
oder gar einen Omnibus lenken kann,
hat wohl den Gipfel der Fahrkunst erreicht ..."*, schreibt Franz Stahl zum Individualverkehr in der Altstadt am Ende der 1950er Jahre. Rund 7500 Meister
der Fahrkunst gab es damals in Regensburg, denn so viele Pkws und Omnibusse waren registriert.

Louis Armstrong in der RT-Halle, 1. Mai 1956

Heute beträgt die Zahl der mobilisier-
ten Verkehrsteilnehmerinnen und Ver-
kehrsteilnehmer zwar ein Vielfaches,
aber das Befahren aller Gassen und
Plätze für jedermann ist nicht mehr zu-
lässig. In den 1950er Jahren war diese
Art der Verkehrsberuhigung weder geplant noch beabsichtigt. Im Gegenteil:
Die autogerechte Stadt sollte geschaffen werden, um, so Stahl, *„moderne
Straßenführungen und Massenverkehrs-
mittel zweckmäßig laufen zu lassen ..."*
Dafür war der Bau neuer Donaubrü-
cken notwendig. So gab es die Vision,
einen großen Donauübergang vom
Hunnenplatz über den Stadtamhofer
Gries nach Norden zu schaffen.

Städtische Finanzen

Ein Vergleich mit der Situation in anderen bayerischen Großstädten zeigt, dass die Haushaltslage Regensburgs in den 1950er Jahren alles andere als rosig war. Das Steueraufkommen lag 1949 bei 54 DM pro Einwohner (1961 bei 177 DM/E), in Augsburg bei 82 (1961: 267 DM/E) und in München bei 73 DM pro Einwohner (1961: 304 DM/E). Anders war die Reihenfolge bei den Verbindlichkeiten: Bei der Pro-Kopf-Verschuldung lag Regensburg 1961 mit 502 DM pro Einwohner zusammen mit München (553 DM/E) in der Spitzengruppe bayerischer Städte. Die finanziellen Spielräume für städtische Investitionen waren daher denkbar knapp. Die Investitionsrate lag 1961 mit 453 DM pro Einwohner deutlich unter dem bayerischen Durchschnitt von 506 DM pro Einwohner.

Tourismus

Dass Regensburg eine sehenswerte Stadt ist, wurde bereits im 19. Jahrhundert erkannt. Als 1896 der Fremdenverkehrsverein gegründet wurde, bemerkte Hugo Graf von Walderdorff, der Vorsitzende des Historischen Vereins: *„Regensburg hat im Verhältnis zur Vergangenheit eine kleine Gegenwart ... es sollte sich also wohl hüten, das beste Kapital, das es besitzt, seine Altertümlichkeit zu vergeuden. Nur die Altertümlichkeit vermag hier Fremde anzuziehen."* 1949 wurde der Verein neu gegründet. Mit Sigfrid Färber übernahm 1956 eine kreative und innovative Persönlichkeit den Vorsitz des Vereins. Mit einprägsamen Werbeslogans, wie *„2 000-jährige Donaustadt"*, *„Schatzkammer der Vergangenheit"*, *„Das mittelalterliche Wunder Deutschlands"* oder *„2 000 Jahre in zwei Stunden"* wurden neue Vermarktungsstrategien entwickelt.

Verglichen mit heute befand sich damals der Tourismus noch in den Kinderschuhen: 1956 wurden 203 000 Übernachtungen gezählt. Hotels, Gasthöfe und Pensionen konnten zusammen gerade einmal 1 000 Gästebetten anbieten.

Zukunftsvision Universität

Neben der allgemeinen Wirtschaftsentwicklung fand in den 1950er Jahren die Idee, Regensburg zum Standort einer vierten Landesuniversität zu machen, breite, über den Kreis der Wissenschaftler hinausgehende Unterstützung. Bereits 1946 hatte das Bayerische Kultusministerium der Philosophisch-Theologischen Hochschule, der Alma Mater Albertina Ratisbonensis, die Aufgabe übertragen, Studierende der überfüllten und stark kriegszerstörten Landesuniversitäten München, Würzburg und Erlangen auszubilden. Als sich die Lage an diesen Universitäten normalisierte, wurde das Projekt zum Wintersemester 1954/55 sehr zum Leidwesen vieler Regensburgerinnen und Regensburger eingestellt. Die hoffnungsvollen Pläne einer vierten Landesuniversität konnten in den 1950er Jahren nicht mehr umgesetzt werden. Der Widerstand der bestehenden bayerischen Universitäten und der Bayerischen Akademie der Wissenschaften war noch zu groß. Erst 1962 beginnt mit dem Gesetz über die Errichtung einer vierten Landesuniversität in Regensburg die Geschichte der hiesigen Universität.

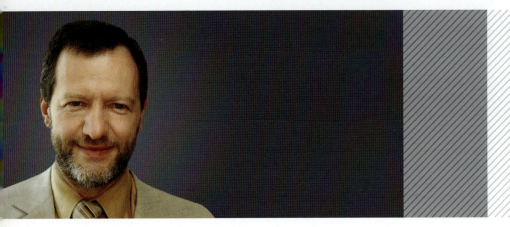

Anton Sedlmeier
Amt für Stadtentwicklung

Stadtentwicklung
gestern, heute und morgen

Schattendasein
nach dem Krieg

Regensburg zu Beginn der 1950er Jahre, das war eher eine unscheinbare graue Maus im Reigen der Großstädte, an der die industrielle Revolution relativ spurlos vorüber gegangen war. Die Beschäftigungsstruktur war in erster Linie geprägt durch einen hohen Anteil an Arbeitskräften im Dienstleistungsbereich, insbesondere im Öffentlichen Dienst, so dass Regensburg im Ruf einer „Beamten- und Verwaltungsstadt" stand. Zwar war die Stadt im Zweiten Weltkrieg weitgehend von Luftangriffen verschont geblieben und negative Begleiterscheinungen der Industrialisierung, wie Umweltschäden, Altlasten oder Industriebrachen, spielten kaum eine Rolle. Jedoch entstanden dadurch spezifische Regensburger Probleme, wie große Sanierungsaufgaben in der Altstadt oder ein erheblicher Nachholbedarf bei der überörtlichen Verkehrsanbindung, die durch die Lage im „Zonenrandgebiet" noch verschärft wurden.

Während die Autobahn nach Nürnberg Ende der 1960er Jahre fertig gestellt wurde, besteht eine durchgehende Autobahnverbindung nach München erst seit 1986.

Die Trendwende

Die Trendwende wurde eingeleitet durch die Gründung der vierten bayerischen Landesuniversität 1962. Nachdem im Wintersemester 1967/68 der Lehrbetrieb aufgenommen und Anfang der 1970er Jahre die Fachhochschule gegründet worden war, stieg die Bevölkerung (vgl. Abb. 1) in kurzer Zeit um mehr als 8 000 Personen an. Da allerdings von 1969 bis 2009 die Zahl der Geburten stets niedriger war als die Zahl der Sterbefälle und infolge der ungünstigen allgemeinen wirtschaftlichen Entwicklung und der Stadt-Umland-Wanderungen auch der Wanderungssaldo meist negativ ausfiel, sank die Bevölkerung zwischen 1975 und 1984 wieder auf den Stand von Ende der 1960er Jahre. Die Ansiedlung und der Ausbau der beiden Hochschulen einschließlich des Aufbaus des Klinikums zu Beginn der 1980er Jahre hatten vor allem positive Effekte auf das geistige und kulturelle Klima in der Stadt und der Region und bereiteten den Weg für eine beispiellose wirtschaftliche Entwicklung.

Ab Mitte der 1980er Jahre setzte dann auch eine beinahe kontinuierliche Bevölkerungszunahme ein, die eng mit zwei Ereignissen verknüpft ist: Mit der Ansiedlung eines Automobilwerks der BMW AG und der Inbetriebnahme der Chip-Produktion bei Siemens, heute Infineon, begann eine Dynamik, die sich bis heute unverändert fortgesetzt hat. Durch die Eingemeindungen 1977/78 wurden außerdem die räumlichen Voraussetzungen dafür geschaffen, dass dieses Wachstum auch auf dem Gebiet der Stadt Regensburg selbst stattfinden konnte.

Dynamisches Wirtschaftswachstum

Die Ansiedlung von BMW konnte im Übrigen bereits damals nur durch die Zusammenarbeit mit der Gemeinde Obertraubling und dem Landkreis Regensburg bewerkstelligt werden – also durch die in der Zwischenzeit viel beschworene interkommunale Kooperation. Insbesondere dieses Automobilwerk mit seinen mittlerweile etwa 9 000 Beschäftigten entfaltete eine besondere Signalwirkung und trug dazu bei, dass der produzierende Sektor – ganz im Gegensatz zu anderen Städten – an Bedeutung zulegen konnte.

Mit der Gründung des Bio-Parks zu Beginn der 1990er Jahre begann die Abrundung um weitere zukunftsträchtige Technologiefelder, die mit der Etablierung des IT-Speichers konsequent weitergeführt wurde. Außerdem ist Regensburg ein führender Standort für Sensorik und beherbergt Weltmarktführer im Bereich der Energietechnik. Durch diese breit aufgestellte und vielseitige Struktur der ansässigen Unternehmen ging auch die wirtschaftliche Rezession der 1990er Jahre relativ spurlos an der ostbayerischen Wirtschaftsmetropole vorüber. Dennoch hat es mehr als ein Jahrzehnt gedauert, bis sich die positive Beschäftigungsentwicklung so spürbar am Arbeitsmarkt bemerkbar machte, dass die Arbeitslosenquote im Raum Regensburg auf ein Niveau zurückging, das dem bayerischen Durchschnittswert entspricht. Mittlerweile gehört der Arbeitsplatz-

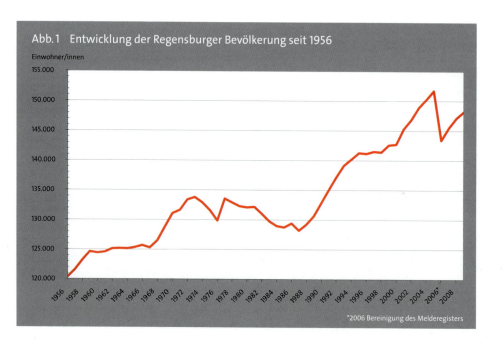

Abb. 1 Entwicklung der Regensburger Bevölkerung seit 1956

Einwohner/innen

*2006 Bereinigung des Melderegisters

besatz (siehe Abb. 2), also das Verhältnis von Beschäftigten zu Einwohnern, zu den höchsten im Bundesgebiet. Damit wird zum einen eindrucksvoll die Bedeutung Regensburgs als potenter Wirtschaftsstandort, zum anderen aber auch die Bedeutung für die ostbayerische Region unterstrichen, da von den Arbeitnehmerinnen und Arbeitnehmern am Ort weniger als ein Drittel in der Stadt wohnt und mehr als zwei Drittel von außerhalb einpendeln.

Die Ostbayernmetropole heute

Heute ist Regensburg eine Stadt mit über 148 000 Einwohnern mit Erst- oder Zweitwohnsitz und mehr als 130 000 Arbeitsplätzen. Der scheinbare Bevölkerungsrückgang im Jahr 2006 ist auf eine Bereinigung des Einwohnermelderegisters zurückzuführen, bei der etwa 9 500 Personen als „Karteileichen" identifiziert worden und somit „über Nacht" aus der Statistik verschwunden sind.

Die „Wohlfühlrate", also der Anteil der Bevölkerung, der mit seiner Stadt (sehr) zufrieden ist, ist eine der höchsten im Bundesgebiet. Etwa 23 500 Studierende besuchen die drei Hochschulen, wobei die Hochschule für Katholische Kirchenmusik und Musikpädagogik eine besondere Rarität darstellt. Durch ein umfangreiches und vielseitiges Einzelhandelsangebot hat Regensburg vor allem nach der Errichtung des Donau-Einkaufszentrums im Jahr 1967 wieder seine frühere Bedeutung als Handelsstadt erreicht und gehört heute mit einem Einzugsgebiet von mehr als 650 000 Personen zu den deutschen Großstädten mit der höchsten Einzelhandelszentralität. Großereignisse, wie das Fest der Bayern, der Besuch von Papst Benedikt XVI. oder die Ernennung zum Welterbe sowie eine konsequente Marketingstrategie, haben auch zu einem kontinuierlichen Anstieg der Besucherinnen und Besucher aus aller Welt geführt, die sich die „nördlichste italienische Stadt" mit einem überreichen Kulturangebot nicht entgehen lassen wollen.

Klinikum und Universität 1991

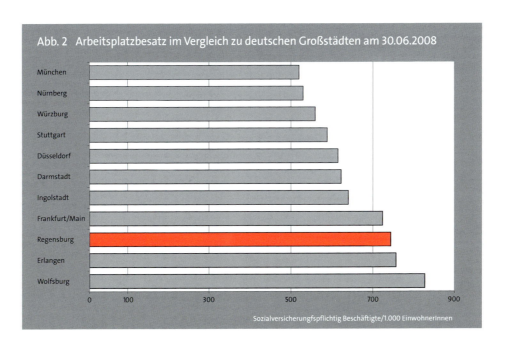

Abb. 2   Arbeitsplatzbesatz im Vergleich zu deutschen Großstädten am 30.06.2008

München
Nürnberg
Würzburg
Stuttgart
Düsseldorf
Darmstadt
Ingolstadt
Frankfurt/Main
Regensburg
Erlangen
Wolfsburg

0   100   300   500   700   900

Sozialversicherungspflichtig Beschäftigte/1.000 EinwohnerInnen

Singles auf dem Vormarsch

Die positive wirtschaftliche Entwicklung geht mit einer intensiven Bautätigkeit einher, die sich spürbar im Siedlungskörper (vgl. Abb. 3) bemerkbar macht. Seit dem Zweiten Weltkrieg hat sich die Fläche, die für Wohnbauzwecke genutzt wird, mehr als verdoppelt.

Dies ist zwar auch auf das Bevölkerungswachstum zurückzuführen, hat jedoch seine Hauptursache in Verschiebungen der Haushaltsstruktur: So ist z. B. zwischen den Volkszählungen 1970 und 1987 die Bevölkerung um 0,6 Prozent zurückgegangen, wohingegen die Anzahl der Haushalte um knapp 30 Prozent gestiegen ist. Hierbei nahmen die Single-Haushalte am stärksten zu und machen zwischenzeitlich die Hälfte aller Haushalte aus. Aufgrund dieser strukturellen Veränderungen und steigender Realeinkommen in der Vergangenheit erhöhte sich die durchschnittliche Wohnfläche pro Kopf zwischen 1968 und 2009 von 24 auf 42 Quadratmeter.

Nach allen vorliegenden Prognosen wird die Bevölkerung in Regensburg zumindest in den kommenden 20 Jahren weiter zunehmen. So geht das Bayerische Landesamt für Statistik und Datenverarbeitung in seiner jüngsten Bevölkerungsvorausschätzung (siehe Abb. 4) davon aus, dass die Regensburger Hauptwohnsitzbevölkerung bis zum Jahr 2028 noch um mehr als 8 000 Personen zunehmen wird. Durch die Veränderungen in der Altersstruktur, d. h. insbesondere durch die starke Zunahme der 40- bis 60-Jährigen und der älteren Jahrgänge, wird eher das Wohnen in integrierten Lagen mit guter Infrastruktur und kurzen Wegen begünstigt.

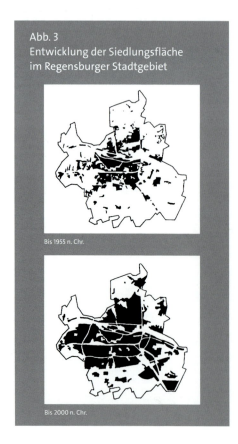

Abb. 3
Entwicklung der Siedlungsfläche im Regensburger Stadtgebiet

Bis 1955 n. Chr.

Bis 2000 n. Chr.

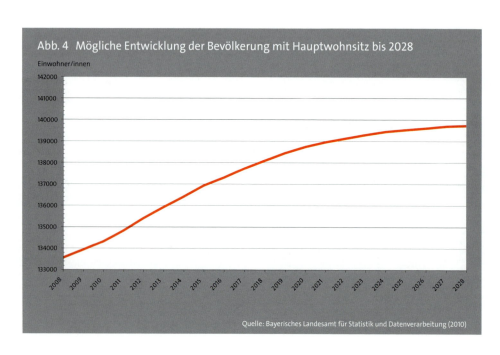

Abb. 4 Mögliche Entwicklung der Bevölkerung mit Hauptwohnsitz bis 2028

Einwohner/innen

Quelle: Bayerisches Landesamt für Statistik und Datenverarbeitung (2010)

Wohnen tendiert zur Mitte

Für die weitere Stadtentwicklung ergibt sich daraus ein eindeutiger Trend zur Innenentwicklung, der durch steigende Energie- und Mobilitätskosten noch verstärkt werden wird. Das bedeutet, dass sich die bauliche Entwicklung in erster Linie auf Flächen im innerstädtischen Raum konzentrieren wird, die umgenutzt werden. Dies trifft insbesondere für die aufgegebenen Kasernenareale oder die ehemaligen Flächen der Deutschen Bahn zu.

Das klassische Eigenheim wird zwar auch künftig einen nicht unerheblichen Marktanteil aufweisen, weil der Wunsch nach Wohnen in den eigenen vier Wänden nach wie vor ungebrochen ist. Die dominierende Wohnform wird jedoch das Wohnen zur Miete bleiben, zumal die Tendenz zunimmt, im Laufe eines Berufslebens öfter den Arbeitgeber und damit den Wohnstandort zu wechseln bzw. wechseln zu müssen. Insbesondere für eine alternde Gesellschaft gewinnen Kleinstrukturen und funktionierende Nachbarschaften an Attraktivität. Gefragt werden deshalb zunehmend überschaubare Wohnanla-

gen (z. B. Mehr-Generationen-Häuser) sein, die ein gegenseitiges Kennenlernen und Helfen erleichtern. In nackten Zahlen ausgedrückt bedeuten diese Perspektiven, dass bis zum Jahr 2020 jährlich etwa 500 neue Wohnungen gebaut werden müssen, um die weiterhin anhaltende Nachfrage decken zu können.

Ehemaliger Güterbahnhof, Innerer Westen 2008

Vorrang für Gewerbe

Noch deutlich stärker als die Wohnbauflächen stiegen seit den 1980er Jahren die Gewerbeflächen. Während zwischen 1980 und 2004 die Gebäude- und Freiflächen um etwa 55 Prozent zulegten, betrug das parallele Wachstum bei den Gewerbeflächen 126 Prozent. Seit geraumer Zeit zeichnet sich jedoch eine Verknappung von gewerblich nutzbaren Flächen insbesondere in städtebaulich integrierten Lagen ab. Vor allem für kleinere Betriebe wird es immer schwieriger, passende Standorte zu finden, da in innerstädtischen Lagen gewerbliche Flächen zunehmend zugunsten der dort starken Nachfrage nach Wohnungen aufgegeben wurden und neue Gewerbeflächen am Stadtrand nicht mehr beliebig ausgewiesen werden können. Bis zum Jahr 2015 wird der zusätzliche Gewerbeflächenbedarf auf etwa 65 Hektar geschätzt und bis zum Jahr 2025 auf 154 bis 182 Hektar. Dem stehen zwar rein rechnerisch zirka 320 Hektar Flächenreserven im Flächennutzungsplan gegenüber, die jedoch zu einem erheblichen Anteil nicht so ohne weiteres aktivierbar sind, da sie sich z. B. in Privateigentum befinden, Altlasten aufweisen oder aus anderen Gründen dem Markt nicht zur Verfügung stehen. Vor diesem Hintergrund wird die Stadt Regensburg in Zukunft verstärkt gewerblich nutzbare Flächen sichern und aktivieren, aber auch die Zusammenarbeit mit den Umlandkommunen intensivieren müssen, um die Grundlage für weiteres wirtschaftliches Wachstum für die ganze Region zu gewährleisten.

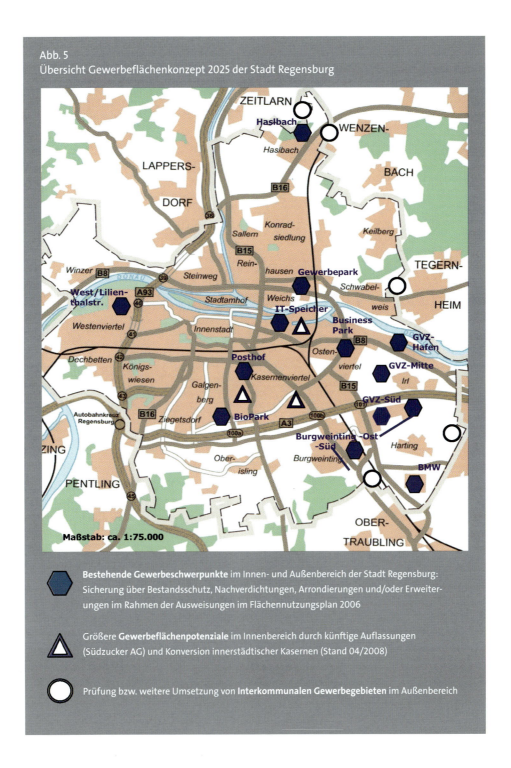

Abb. 5
Übersicht Gewerbeflächenkonzept 2025 der Stadt Regensburg

Maßstab: ca. 1:75.000

Bestehende **Gewerbeschwerpunkte** im Innen- und Außenbereich der Stadt Regensburg: Sicherung über Bestandsschutz, Nachverdichtungen, Arrondierungen und/oder Erweiterungen im Rahmen der Ausweisungen im Flächennutzungsplan 2006

Größere **Gewerbeflächenpotenziale** im Innenbereich durch künftige Auflassungen (Südzucker AG) und Konversion innerstädtischer Kasernen (Stand 04/2008)

Prüfung bzw. weitere Umsetzung von **Interkommunalen Gewerbegebieten** im Außenbereich

Eine Stadt mit Zukunft

Regensburg ist heute eine der wenigen Städte in Deutschland, denen beste Zukunftschancen (vgl. Abb. 6) prophezeit werden. Die graue Maus hat sich zu einer strahlenden Prinzessin gemausert. Es wäre allerdings fatal, wenn dies dazu führen würde, die Hände in den Schoß zu legen und sich im Glanz des Erfolgs zu sonnen. Die Stadt muss weiterhin kräftig daran arbeiten, die Rahmenbedingungen für einen zukunftsorientierten Wirtschaftsstandort zu sichern. Die Ziele und Leitprojekte dafür sind im Regensburg-Plan 2005 definiert: Dazu gehören neben dem weiteren Ausbau der Verkehrsinfrastruktur im Inneren, wie der Verlängerung der Osttangente und dem Bau der Sallerner Regenbrücke, auch die äußere Verkehrsanbindung und hier vor allem die direkte Schienenanbindung an den Flughafen München oder nach Tschechien mit der Donau-Moldau-Bahn. Besonders wichtig werden die weichen Standortfaktoren, allen voran die Investitionen in Bildungseinrichtungen, wie der Internationalen Schule oder einem beruflichen Bildungszentrum. Als kräftiger Impuls für die Altstadt kommt dem Kultur- und Kongresszentrum eine entscheidende Rolle zu, und auch die Frage der Donauübergänge vor allem für den öffentlichen Personennahverkehr muss im Dialog mit einer kritischen Bürgerschaft bald beantwortet werden.

Durch eine noch stärkere Zusammenarbeit mit dem Umland können zusätzliche Synergien genutzt werden, die Regensburg in die Lage versetzen, sich zu einem international wettbewerbsfähigen Standort mit hoher Lebensqualität zu entwickeln, der für einen Raum, der über Ostbayern hinausgeht, eine Motorfunktion übernehmen kann. Noch im Jahr 2000 fiel der Hälfte der Bundesbürgerinnen und Bundesbürger überhaupt nichts zu Regensburg ein. In der Zwischenzeit dürfte sich dies grundlegend geändert haben.

Abb. 6 Räume mit den besten Zukunftschancen

München, Landkreis
München
Starnberg, Landkreis
Erlangen
5. Regensburg
Stuttgart
Freising, Landkreis
Ingolstadt

Quelle: Prognos Zukunftsatlas 2007

Hajo Dietz

Entstehung der Luftaufnahmen

Am 22. September 2006, wenige Tage nach dem Besuch Papst Benedikts XVI. in Regensburg, flog ich, aus meiner Heimatstadt Nürnberg kommend, zum ersten Mal über die Donaumetropole und konnte dem Amt für Stadtentwicklung einen Bilderreigen der zu dieser Zeit besonders schön herausgeputzten Stadt anbieten. Kaum eine Baustelle und kein sonst allgegenwärtiges Domgerüst störten den Blick vom wolkenlosen Himmel auf das Weltkulturerbe der Oberpfälzer Bezirkshauptstadt. Alle Bilder wurden von der Stadt Regensburg angekauft und besitzen bereits heute schon einen gewissen historischen Wert. Bei einem meiner zahlreichen Besuche im Amt für Stadtentwicklung wurde auch die Idee zur Herausgabe dieses Buches geboren, und bereits Ende 2006 begannen die Arbeiten. Insgesamt sollten rund 150 Fotos aus derselben Perspektive wie die Vorlagen aus den 1950er Jahren fotografiert werden.

Für die Aufnahmen teilte ich die mir vorgelegten historischen Luftbilder in drei Kategorien: Bilder, die aufgrund der

Blickrichtung und damit dem Sonnenstand entsprechend eher vormittags, eher mittags oder eher abends aufzunehmen waren. Da die früheren Luftaufnahmen teilweise unter Gegenlicht oder bei bedecktem Himmel aufgenommen worden waren, vernachlässigte ich den Sonnenstand der historischen Vorlagen, weil es mir neben einer möglichst deckungsgleichen Neuaufnahme vor allem um eine möglichst attraktive Wiedergabe des heutigen Bebauungszustands ging. Zusammen mit meinem Hubschrauberpiloten Jochen Huber brauchte ich zwei ganze Sommer, um ausreichend viele wolkenlose Tage zu finden. Alle Aufnahmen habe ich bei offener Hubschraubertür direkt aus der Hand mit einer Nikon D2x-Digitalkamera unter Verwendung von Objektiven verschiedener Brennweiten aufgenommen und anschließend einzeln aufwändig am Rechner bearbeitet, um die bei Luftbildern meist nicht zu verhindernde Hintergrundverblassung und -verblauung weitgehend zu eliminieren.

Hajo Dietz

Mein Partner – der Hubschrauberpilot Jochen Huber

Der erfahrene Köschinger Hubschrauberpilot Jochen Huber, mit dem mich inzwischen auch eine enge Freundschaft verbindet, war der ideale Partner für die Arbeit zu diesem Buch. Denn bei der Aufnahme von Luftbildern kommt es nicht nur auf die Beherrschung des fotografischen Handwerks an, sondern insbesondere auf einen Flugzeugführer mit Erfahrung, Fingerspitzengefühl und sehr gutem fotografischen Blick sowie einem blinden Verständnis des Teams im Cockpit untereinander. Eine besondere Herausforderung war es, den richtigen Blickwinkel

zu finden: In den 1950er Jahren durfte noch sehr viel tiefer geflogen werden, als es heute das Gesetz erlaubt, so dass es bei unseren Aufnahmen nicht immer möglich war, die Perspektive exakt beizubehalten. Jochen Huber gelang es nicht nur, den für diesen Zweck benutzten zweisitzigen Hubschraubertyp Hughes 300 jeweils möglichst exakt an die Stelle zu positionieren, von der aus das historische Vorbild aufgenommen war. Er kümmerte sich auch um scheinbar nebensächliche, in der Praxis aber überaus hilfreiche Kleinigkeiten. So konstruierte er z. B. eine Art Pult aus

einem zweckentfremdeten, umgestülpten Büroordner, den er auf dem Boden des Cockpits befestigte, um darauf Fotokopien der historischen Vorlagen für den Fotografen wie für den Piloten gleichermaßen gut einsehbar zu machen, ohne dass sie aus der offenen Tür flattern konnten.

Seine hohe Professionalität, das Resultat von über 1700 Flugstunden Erfahrung, stellte Jochen Huber auch während einer Notlandung unter Beweis, bei der er nach einem Elektrikdefekt den Hubschrauber rechtzeitig und damit für Besatzung und Bevölkerung sicher auf einem Flurbereinigungsweg im Osten der Stadt Regensburg abstellte. An dieser Stelle möchten wir uns auch noch einmal bei der netten Schreinerfamilie bedanken, die uns während unserer vierstündigen Wartezeit bei praller Sonne auf Techniker und anschließende Freigabe des Helikopters durch das Luftfahrtbundesamt in Braunschweig mit Brotzeit, Getränken und Faxanschluss versorgt hat und bei Laune hielt.

Notlandung

Anton Sedlmeier

Einführung

Der Traum vom Fliegen ist so alt wie die Menschheit selbst. Schon seit vorgeschichtlicher Zeit hatte der Mensch den Wunsch, sich in die Lüfte zu schwingen, um den „gottgleichen" Blick von oben zu genießen; doch fehlte ihm lange der nötige Antrieb. Grundgedanke war, es den Vögeln gleichzutun. Wenn ein kleiner Vogel wie der Spatz sich aus eigener Kraft vom Boden hob, musste dies einem Menschen mit seinen kräftigen Armen doch auch gelingen! Diesem Trugschluss erlagen Jahrhunderte lang viele Menschen. Nach der Sage des römischen Dichters Ovid gelang es einzig Dädalus, einem berühmten griechischen Baumeister, seinem Sohn Ikarus Flügel aus Federn und Wachs zu bauen. Aber auch dieser konnte bekanntermaßen seinen Flug nicht lange genießen, da er der Sonne zu nah kam und seine Flügel schmolzen.

Die grundlegende Frage war: Wie bekommt man eine Flugmaschine in die Luft? Leonardo Da Vinci war Pionier bei der wissenschaftlich-technischen Annäherung an das Fliegen. Er entwarf ver-schiedene Fluggeräte und erfand schon im 15. Jahrhundert den Hubschrauber: Er stellte fest, dass man sich in die Luft schrauben könnte, vorausgesetzt die Schraube dreht sich schnell genug. Allerdings bestand seine Idee nur theoretisch auf dem Zeichenbrett und musste noch mehrere Jahrhunderte reifen, bis im 20. Jahrhundert der erste Helikopter erfunden wurde.

Heute ist das Fliegen beinahe eine Selbstverständlichkeit, und der Mensch strebt immer höher, bis zu weit entfernten Sternen. Zwar ist die Betrachtung der Luftbildvielfalt in diesem Buch nicht mit einem echten Rundflug über Regensburg zu vergleichen. Dennoch, selbst für eingefleischte Regensburgerinnen und Regensburger warten bei der Lektüre des Luftbildbandes einige Überraschungen mit bisher unbekannten Eindrücken und Blickwinkeln.

Während die Luftbilder aus den Jahren 2007 und 2008 durch den Fotografen Hajo Dietz und seinen Piloten Jochen Huber entstanden sind, wurde bei den historischen Bildern aus den 1950er Jahren der eigene städtische Fundus durchsucht. Weit über 12 000 Luftbilder – Schrägaufnahmen wie Senkrechtaufnahmen – lagern im Archiv der Abteilung Vermessung und Kartographie des Amtes für Stadtentwicklung. Senkrechtaufnahmen werden dabei vornehmlich als Basis für die Erstellung von Karten und Plänen herangezogen, wohingegen die Schrägaufnahmen immer mehr als Zeugen der Stadtentwicklung und entsprechend als Planungs- und Visualisierungsgrundlage in den Vordergrund rücken. Im digitalen Zeitalter ist es nun möglich, diese wertvollen Dokumente einer breiteren Öffentlichkeit zugänglich zu machen.

Hintergründe zu den Bildbeschreibungen

Die textlichen Erläuterungen der Luftaufnahmen, die unter maßgeblicher Mitarbeit von Klaus Heilmeier und Eugen Trapp entstanden, stellen die Motive in ihrem historischen und städtebaulichen Kontext dar. Außerdem ermöglichen sie durch die paarweise Anordnung jeweils gleicher Ansichten den direkten Vergleich ein- und desselben Stadtausschnitts heute und vor zirka 50 bis 70 Jahren. In der Gesamtschau ergibt dieses Mosaik einen Überblick über die im Stadtbild sichtbaren historischen Spuren des letzten halben Jahrhunderts, manchmal auch noch weiter zurück. Für die Kommentierung der historischen Luftbilder wurde die über das Regensburg der 1950er Jahre publizierte Literatur verwendet. Eine monographische Gesamtbetrachtung der städtebaulichen, wirtschaftlichen und sozialen Entwicklung Regensburgs in dieser Dekade steht jedoch noch aus und wäre eine lohnende Aufgabe.

Ohne die Unterstützung durch die Industrie- und Handelskammer Regensburg, die wertvolle Details zum Werdegang von Betrieben eruiert hat, wäre dieses Buch um viele Informationen ärmer geblieben. Eine wichtige Quelle zur Erfassung von Gebäudedaten war die Registratur des Bauordnungsamtes der Stadt Regensburg. Auch die Archive großer Unternehmen, wie z. B. Siemens, haben bereitwillig Informationen zur Verfügung gestellt. Unterstützt haben die Recherchen ferner die Kollegen des Stadtplanungs- und des Tiefbauamtes. Von den Regensburger Bürgern, die aus ihren Privatarchiven Unterlagen und Informationen zur Verfügung stellten, seien besonders Heribert Heilmeier, Michael Preischl und Fritz Schiller erwähnt. Ihnen und allen, die durch sachliche oder bibliographische Hinweise zum Entstehen der Texte beigetragen haben, sind die Verfasser zu aufrichtigem Dank verpflichtet. Die Vielzahl und die Heterogenität der Informationsquellen ließen es bei der gleichzeitig gebotenen Kürze der Bildbeschreibungen vertretbar erscheinen, auf einen Anmerkungsapparat zu verzichten. Zudem versteht sich die vorliegende Publikation nicht als wissenschaftlicher Beitrag zur Regensburger Stadtbaugeschichte des letzten halben Jahrhunderts. Vielmehr will sie durch die Präsentation aussagekräftigen Bildmaterials zu vertiefenden Forschungen anregen.

1936   2008

Wie ist der Bildband zu lesen?

Für die Darstellung der Luftbilder wurde das Stadtgebiet von Regensburg in fünf Bereiche untergliedert. Diese orientieren sich weitestgehend an den Grenzen der heutigen Stadtbezirke. Die Karte auf der gegenüberliegenden Seite bietet eine Übersicht über die Stadtbereiche und zeigt gleichzeitig die Lage der einzelnen Luftbildaufnahmen.

 Die Bilderschau beginnt im Zentrum von Regensburg mit der **Altstadt und Stadtamhof** und umfasst in etwa nachfolgende Stadtbezirke:
**01 = Innenstadt und
02 = Stadtamhof.**

Es folgt der **nordwestliche Bereich** mit den Stadtbezirken
**03 = Steinweg – Pfaffenstein,
15 = Westenviertel und
16 = Ober- und Niederwinzer – Kager** sowie den Bildern aus dem Stadtbezirk Innenstadt, die südlich des Alleengürtels von Regensburg liegen.

Im Uhrzeigersinn geht es weiter zum **nordöstlichen Bereich** mit den Stadtbezirken
**04 = Sallern – Gallingkofen,
05 = Konradsiedlung – Wutzlhofen,
06 = Brandlberg – Keilberg,
07 = Reinhausen,
08 = Weichs und
09 = Schwabelweis.**

Weiter folgt das **südöstliche Stadtgebiet.** Es beginnt mit den Bezirken
**10 = Ostenviertel,
11 = Kasernenviertel,
18 = Burgweinting – Harting** und reicht bis zu den Bildern aus dem Stadtbezirk 12, die östlich der Galgenbergstraße liegen.

Die Bilderschau endet im **südwestlichen Bereich** mit den Stadtbezirken
**12 = Galgenberg,
13 = Kumpfmühl – Ziegetsdorf – Neuprüll,
14 = Großprüfening – Dechbetten – Königswiesen und
17 = Oberisling – Graß.**

Den überwiegend aus den 1950er Jahren erstellten Aufnahmen mit der entsprechenden Beschreibung auf der linken Buchseite stehen die aktuellen Aufnahmen aus den Jahren 2007 und 2008 mit ihrer Erläuterung gegenüber. Für die Einordnung der Bilder und Perspektiven sind jeweils auf der linken und rechten Buchseite oben Piktogramme dargestellt:

 Anzeige, wo sich Norden befindet, um damit die räumliche **Orientierung** zu erleichtern

 Kennzeichnung des **Stadtbereichs,** aus dem die Aufnahme stammt

Um die gezielte Suche nach einzelnen Motiven einfacher zu gestalten, wurde am Ende des Bildbandes ein **Sachregister** eingefügt.

Bedanken möchten wir uns an dieser Stelle bei allen, die zum Gelingen dieses Buches beigetragen haben. Neben den bereits genannten Unterstützern für die Recherche zu den Bildtexten, vor allem beim Fotografen Hajo Dietz und seinem Piloten Jochen Huber für die gelungenen Fotos und die unkomplizierte Zusammenarbeit. Bei Susan Steinert für viele Anregungen und für die kartographischen Arbeiten. Ohne die konstruktive Unterstützung durch Alexandra Link und Sandra Gretschel sowie die redaktionelle Mitarbeit von Claudia Kipf-Dangelmaier und Eva-Maria Eisenreich wäre die Neuauflage nicht in einer so kurzen Zeit zu schaffen gewesen. Stadtfotograf Peter Ferstl hat aus einigen historischen Aufnahmen noch einmal das Bestmögliche herausgeholt. Durch die kreativen Vorschläge des Büros Janda+Roscher konnte das attraktive Erscheinungsbild des ersten Luftbildbandes in der Neuauflage noch übertroffen werden. Unser Dank gilt nicht zuletzt dem Verleger Fritz Pustet, der das Risiko der Neuauflage übernommen hat und stets ein kritischer Begleiter war.

Es ist erstaunlich, wie viele Überraschungen das vertraute Regensburg bietet, wenn wir einmal die Perspektive wechseln. Lassen Sie sich bei der Lektüre dieses Buches von immer wieder neuen Aus- und Einblicken überraschen.

In den nachfolgenden Bildbeschreibungen muss aufgrund der gegebenen Kürze und im Sinne einer besseren Lesbarkeit auf eine geschlechtergerechte Schreibweise verzichtet werden. Es wird gebeten, bei den verwendeten männlichen Personenbezeichnungen auch an die immer mitgedachten Frauen zu denken.

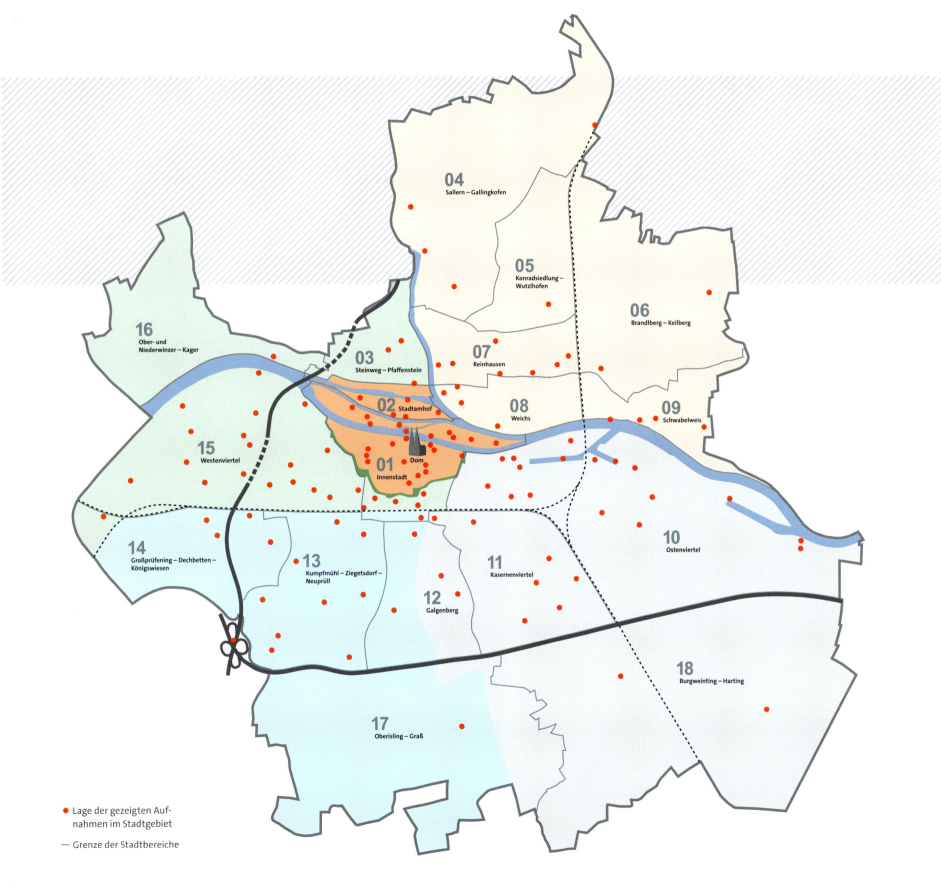

04
Sallern – Gallingkofen

05
Konradsiedlung –
Wutzlhofen

06
Brandlberg – Keilberg

16
Ober- und
Niederwinzer – Kager

03
Steinweg – Pfaffenstein

07
Reinhausen

02 Stadtamhof

08
Weichs

09
Schwabelweis

15
Westenviertel

01
Innenstadt

Dom

10
Ostenviertel

14
Großprüfening – Dechbetten –
Königswiesen

13
Kumpfmühl – Ziegetsdorf –
Neuprüll

11
Kasernenviertel

12
Galgenberg

18
Burgweinting – Harting

17
Oberisling – Graß

● Lage der gezeigten Auf-
nahmen im Stadtgebiet

— Grenze der Stadtbereiche

ALTES RATHAUS

Der Blick geht über den nordöstlichen
Kernbereich der mittelalterlichen
Kaufmannsstadt bis zur Donau mit
der Steinernen Brücke. Im Vordergrund ist die Bautengruppe des
Alten Rathauses zu erkennen. Rathausplatz und Kohlenmarkt dienten
im Jahr der Aufnahme (1958) noch
scheinbar selbstverständlich als Ver-
kehrs- bzw. Parkierungsfläche. Die
zweigleisig über den Kohlenmarkt
verlaufenden Straßenbahnschienen
erinnern daran, dass hier von 1903
bis 1964 die Linie 1 der Regensburger
Tram verkehrte. Ins Auge fällt auch
der „Platz" nordwestlich des Rathaus-
komplexes: Dort, im Bereich Roter
Herzfleck/Silberne-Kranz-Gasse,
war es in den 1890er Jahren zum Abbruch von drei Häusern gekommen,
so dass sich vorübergehend mitten
in der eng bebauten Donauwacht
eine gepflasterte Freifläche auftat.

Der Häuserbestand hat sich, zumindest äußerlich, nur geringfügig verändert. Gänzlich abgebrochen wurde 1965 der historistische Walmdachbau an der Ecke Fischmarkt/Silberne-Kranz-Gasse. An seine Stelle ist im Zuge der damals in diesem Bereich durchgeführten städtischen Sanierungsmaßnahme ein Neubau mit Satteldach und Fensterläden getreten. Die südlich anschließende, platzartige Freifläche hat sich inzwischen durch eine massive Begrünung verfestigt.

Auch die Rolle des Kohlenmarkts als städtischer Raum wurde durch Baumpflanzungen und Brunnen neu interpretiert, Bordsteinkanten und Verkehrsinseln sind verschwunden. Der früher stark befahrene Platz wurde 1985/86 – ebenso wie der Rathaus- und der Haidplatz – den Fußgängern zurückgegeben.

2007

NEUPFARRPLATZ UND ST.-KASSIANS-PLATZ

Die seit der Zerstörung des Ghettos 1519 gewachsene stadträumliche Beziehung zwischen Neupfarrplatz und St.-Kassians-Platz war 1958 noch klar ablesbar. Der Neupfarrplatz mit der gleichnamigen Kirche in seiner Mitte besaß nach Osten hin einen architektonisch reich differenzierten Abschluss: Links, zwischen der Schlossergasse und dem kleinen Platz „Am Spielhof", das stattliche Ammonhaus im Stil der Neurenaissance (1885). Dann, auf der anderen Seite des Spielhofs, das Gebäude der Städtischen Sparkasse (1911) und daneben die klassizistische Alte Wache (1818).

Der rechtwinklig um die Kassianskirche verlaufende St.-Kassians-Platz war, auch in seinem nordwestlichen Teil, noch in sich geschlossen. Lediglich das 1954 in der Pfauengasse errichtete Kaufhaus Merkur, ein fünfgeschossiger Flachdach-Monolith, sprengte bereits die überlieferte Stadtstruktur.

1958

Der Stadtgrundriss hat sich grundlegend verändert. Schlossergasse und Spielhof sind verschwunden. Dies war der Preis, um 1967 die Kreissparkasse (heute Sparkasse) und 1972, nach zehnjähriger Planungsphase, das Kaufhaus Horten (heute Galeria Kaufhof) errichten und dazwischen eine mehrspurige Verkehrsschneise anlegen zu können. Dass in diese nach der Verkehrsberuhigung im Jahr 2000 eine bahnsteigartig überdachte Bautengruppe aus Kiosk und öffentlicher Bedürfnisanstalt gestellt wurde, ist kein Ersatz für das Verlorene. Verschwunden ist auch die östliche Bebauung des Neupfarrplatzes. Bei genauem Hinsehen ist gerade noch die Giebelspitze der als Scheibe vor dem Kaufhauskoloss stehengelassenen Fassade der Alten Wache erkennbar. Gegenüber dem Chor der Kirche hatte sich 1969 ein Betonriegel der Städtischen Sparkasse breitgemacht. Er wurde bereits 1998 wieder abgebrochen und 2000 durch den Bau eines Textilkaufhauses ersetzt.

Der nach fünfjähriger Bauzeit neu gestaltete Neupfarrplatz sucht noch nach einer stimmigen Nutzung. Etwas verloren gruppieren sich Marktstände um die Neupfarrkirche. Dahinter lugt der weiße Beton des Karavan-Bodenreliefs, das die ehemalige mittelalterliche Synagoge wiedergibt, hervor. Die Baustellenfahrzeuge am rechten Bildrand deuten auf den Umbau des ehemaligen Rothdauscher-Kaufhauses hin, das jetzt einem spanischen Modefilialisten gewichen ist.

2007

KÖNIGSSTRASSE

Das Foto von 1956 zeigt mit der Kreuzung Maximilianstraße/Königsstraße das damalige Geschäfts- und Flanierzentrum der Stadt. Als heller Neubau sticht das 1954/55 als erster Stahlskelettbau Regensburgs erbaute Kaufhaus Woolworth ins Auge. Im Haus gegenüber befand sich das bekannte Feinkostgeschäft der Gebrüder Buchner, die entlang der Königsstraße seit 1950 mit einer originellen, von Josef Jobst geschaffenen Fassadenmalerei auf ihr Warenangebot und ihren Namen (Buche) hinwiesen.

Auf der Ostseite der Schäffnerstraße klafft auf Nummer 17 gerade eine Baulücke. Gegenüber befindet sich auf Nummer 16 noch ein im Kern gotisches Haus, welches seit den späten 1920er Jahren das Weinlokal St. Hubertus beherbergte. Die Kreuzung der Königsstraße mit der Schäffnerstraße bzw. der Straße Am Brixener Hof ist von stattlichen historistischen Gebäuden mit betonten Ecksituationen geprägt. Nur für den südöstlichen Bereich trifft dies nicht zu.

1956

In den Kreuzungsbereichen der Königsstraße mit ihren Querstraßen ist viel geschehen: Das „Buchnerhaus" wurde 1975/76 in ein Bekleidungskaufhaus (ehemals Carlson) umgewandelt, die Fassadenmalerei beseitigt. Das Eckhaus Maximilianstraße 14 wurde 1996 grundlegend in den alten Formen erneuert.

Gänzlich verändert hingegen hat sich die Eckbebauung zur Schäffnerstraße und zur Straße Am Brixener Hof: Hier entstand 1965 ein Kaufhaus (ehemals C&A), welches die historischen Parzellen und Maßstäbe weitgehend ignorierte und 2005/06 abermals überformt wurde. 1966/67 wurde auch der Wöhrl-Bau errichtet, der seit 2009 ein schwedisches Modehaus beherbergt. Für das „Schäffnerquartier" wurden vorbereitende Untersuchungen angestellt, die einen Vorschlag enthalten, wie der komplette Block neu gestaltet werden könnte.

2007

DACHAUPLATZ, BLICK NACH SÜDEN

Dieses Bild aus dem Jahr 1956 zeigt den Dachauplatz von Norden. Vorwiegend als Parkplatz genutzt, war er ein zentraler Punkt im städtischen und regionalen Omnibusnetz. Auf der Südseite wurde er begrenzt vom Torbau des Neuen Rathauses und von dem 1884 errichteten Hauptgebäude der Brauerei St. Clara. Zu dieser gehörten auch die südlich anschließenden, um einen Innenhof gruppierten Bauten. Trotz der Einstellung des Braubetriebs 1903 blieb die Gaststätte bis in die 1960er Jahre bestehen.

Südlich des einstigen Brauereikomplexes erhebt sich die 1888/89 als „Schulhaus katholischer Knaben und protestantischer Kinder der Unteren Stadt" errichtete so genannte Klarenangerschule. Zwischen Dr.-Wunderle-Straße und Maximilianstraße sticht das nur flach geneigte, helle Satteldach des „bilka"-Kaufhauses ins Auge. Es wurde ein Jahr vor Entstehung des Fotos erbaut.

1956

Die Gebäude der Brauerei St. Clara wurden 1967 bis 1971 abgebrochen, um einem Parkhaus Platz zu machen. Dabei wurde entlang der D.-Martin-Luther-Straße die alte Baulinie aufgegeben. Der Torbau des Rathauses, der nach der Idee der nationalsozialistischen Planer die Verbindung zu weiteren, nie ausgeführten Verwaltungsbauten hätte herstellen sollen, wirkt durch die nun völlig fehlende architektonische Einbindung noch stärker als Torso.

Während das mit Autos bestellte Flachdach des Parkhauses die Dachlandschaft der östlichen Altstadt massiv stört, war man bei der 1989 erfolgten, architektonisch ansonsten wenig glücklichen Umgestaltung des ehemaligen Kaufhauses bilka sichtlich um eine Anpassung an die Umgebung bemüht. Durch den über den First reichenden Dacheinschnitt wurde dieses Bestreben allerdings konterkariert. Das Kaufhaus wich einer Bank, über der sich jetzt stark nachgefragte Wohnungen befinden. Ganz rechts am Bildrand sieht die neu gestaltete frühere Prachtmeile Maximilianstraße ihrer Fertigstellung entgegen.

2007

DACHAUPLATZ,
BLICK NACH NORDWESTEN

Als Zentrum dieser 1936 entstandenen Aufnahme wählte der Fotograf den Moltkeplatz, wie der frühere Kasern- und heutige Dachauplatz von 1932 bis 1945 offiziell hieß. Im Nordosten des Platzes erhebt sich die imposante gotische Minoritenkirche.

Ins Auge aber fallen vielmehr die Baumaßnahmen südlich davon: Dort, entlang des westlichen Minoritenwegs, war damals ein neues, den Repräsentationsansprüchen der Nationalsozialisten genügendes Behördenzentrum im Entstehen. Der Dachstuhl der Polizeidirektion ist gerade vollendet, vom westlich angrenzenden Südflügel des damals so genannten Ostmarkmuseums steht erst das Erdgeschoss. Gegenüber, auf der Südseite des Minoritenwegs, erhebt sich das soeben vollendete Haus der Sanitätskolonne.

1936

Verglichen mit dem Stand von 1936 haben die von den Nationalsozialisten errichteten Verwaltungsbauten durch das 1937/38 an der Ecke D.-Martin-Luther-Straße/Minoritenweg errichtete Neue Rathaus eine städtebaulich wichtige Ergänzung erhalten.

Die augenfälligste Veränderung aber ist im Süden des Dachauplatzes, am einstigen Klarenanger, eingetreten: Hier wurde zwischen 1963 und 1971 die im 19. Jahrhundert entstandene Nachfolgebebauung des 1809 zerstörten mittelalterlichen Klarissenklosters abgebrochen. An ihre Stelle trat 1972/73 ein Parkhaus, das durch seine überdimensionierte monolithische Baumasse eine empfindliche Störung der Stadtlandschaft darstellt. Nach einer grundlegenden Sanierung beherbergt diese größte und für die Funktionsfähigkeit der Altstadt wichtige Parkierungsanlage im Erdgeschoss eine Markthalle und einen Biomarkt.

Am unteren Bildrand zeichnet sich eine inzwischen realisierte Veränderung ab: Für den Neubau des Bürger- und Verwaltungszentrums werden im Jahr 2007 gerade archäologische Untersuchungen angestellt.

2007

N

DONAUMARKT
UND KOLPINGHAUS

Diese Aufnahme aus dem Jahr 1957 zeigt das 1954 eingeweihte Erhardi-haus (Kolpinghaus) in seiner städte-baulichen Einbettung. Zur Donau hin liegen östlich der Hunnen- und westlich, etwas abgerückt, der St.-Georgen-Platz. Letzterer stellt die Verbindung zur Eisernen Brücke her, die in den 1950er Jahren besser als Hengstenbergbrücke bekannt war. An ihrer Auffahrt befand sich näm-lich das Anwesen der gleichnamigen Essig- und Sauerkrautfabrik. Vor dem Hengstenberghaus endete das 1884 angelegte Stichgleis der Ländebahn. Weiter östlich öffnet sich die Freiflä-che, die 1944 durch die Zerstörung des großen, von der Donau-Dampf-schifffahrtsgesellschaft genutzten Lagerhauses entstanden ist.

1957

Im Vollzug eines Stadtratsbeschlusses vom 21. Februar 1963 wurden die Häuser zwischen St.-Georgen- und Hunnenplatz sowie zu beiden Seiten des Heldengässchens abgebrochen. Sie sollten einer vierspurigen Donauuferstraße bzw. einem Verkehrsknoten weichen, der im Süden der sechsspurig geplanten Eisernen Brücke den Anschluss an die Altstadt-Osttangente bilden sollte. Deren Schneise trennt die Ostnerwacht heute von der Kernaltstadt. Zur geplanten Uferstraße ist es nicht gekommen. Stattdessen wurde parallel zur Thundorferstraße 1986 das als Promenade gestaltete Marc-Aurel-Ufer angelegt.

Bis zum Jahr 2006 war der Donaumarkt als Standort für ein Kultur- und Kongresszentrum vorgesehen. Nach drei Bürgerentscheiden wird nun eine kleinteilige, altstadttypische Mischnutzung mit einem Wochenmarkt angestrebt. Bis es soweit ist, bleibt die Rasenfläche ein begehbares Kunstwerk und der Donaumarkt ein Parkplatz.

2007

KÖNIGLICHE VILLA

Das von der Donau durchschnittene
Bild aus dem Jahr 1956 erfasst die
Königliche Villa sowie den zentralen
Teil des Unteren Wöhrds. Das von
1854 bis 1856 über der mittelalterlichen Ostenbastei errichtete neugo-
tische Schloss diente als Sommerre-
sidenz für König Maximilan II. Es ist
vom so genannten Villapark umgeben, dem nordöstlichen Abschluss
des Regensburger Grüngürtels. Nach
Westen schließt sich der Garten
des – 1811 bis 1974 von den Klarissen
genutzten – ehemaligen Kapuziner-
klosters an. Doch das Idyll trügt:
Die Gemächer des Schlosses waren
seit den 1920er Jahren in Mietwoh-
nungen aufgeteilt, und seine grüne
Einbettung war durch die damaligen
Verkehrsplanungen der Stadt höchst
gefährdet. Eine vierspurige Altstadt-
Nordumgehung sollte hier eine Verbindung zur Adolf-Schmetzer-Straße
erhalten.

1956

Dank des Scheiterns der städtischen Uferstraßenplanung der 1960er und 1970er Jahre ist die landschaftsgärtnerische Einbettung der Königlichen Villa erhalten geblieben. Aus dem einstigen Klostergarten sind ab 1967 die Sportanlagen des Albrecht-Altdorfer-Gymnasiums geworden. Der Villapark, der vom Münchner Oberhofgärtner Carl Effner angelegt worden ist, soll auf der Grundlage eines bis vor kurzem unbekannten Originalplans saniert werden. Das Schloss ist heute Sitz des Bayerischen Landesamtes für Denkmalpflege.

Auf der Donau sind in diesem Bereich mit dem fortschreitenden Ausbau des Hafens die Frachtschiffe verschwunden. An ihrer Stelle machen heute die luxuriösen Schiffe der Flusskreuzfahrer an der Donaulände fest. Auf dem Unteren Wöhrd ist in den letzten Jahren eine spürbare bauliche Verdichtung mit hochwertigem Wohnraum eingetreten.

2007

N

LAZARETTSPITZE, UNTERER WÖHRD

Insbesondere die östliche Spitze des Unteren Wöhrds war seit jeher ein Ort, an dem Nutzungen stattfanden, die man innerhalb der Stadtmauern nicht gerne sah. Dies galt in besonderem Maße für die Pflege pestkranker Bürger, für die der Rat zu Beginn des 18. Jahrhunderts ein Krankenhaus errichten ließ. Letztlich war die medizinische Notwendigkeit erkannt, die Kranken außerhalb der Stadtmauern zu pflegen. Auf dem Bild von 1958 sind am linken Bildrand die Pesthäuser deutlich erkennbar.

Weit weniger bekannt ist die Tatsache, dass auf dem Wöhrdspitz seit Beginn des 20. Jahrhunderts eine Reihe von Industriebetrieben ansässig war. 1916 etablierte sich hier beispielsweise die Breslauer Schiffswerft C. Wollheim, der in den 1920er Jahren die Donaueisenwerke folgten. Die Deutsche Wehrmacht baute auf dem Spitz 1936 einen Übungsplatz für Pioniere. Nach 1945 siedelte sich schließlich das Stahlbauunternehmen Gerhard & Rauh an, das sich auf den Tank- und Anlagenbau spezialisiert hatte. Das Luftbild zeigt das weitläufige Betriebsgelände mit den verschiedenen Werkstätten.

1958

1963 verlegte die Firma Gerhard & Rauh ihren Betrieb nach Regenstauf. Eine weitere Expansion war für das Unternehmen auf dem Wöhrdspitz nicht mehr möglich. Zudem ist das Gelände nicht hochwasserfrei. Eine anderweitige gewerbliche Nutzung des Areals ist damit eingeschränkt. Die Eigentümer der Grundstücke haben daher nach Abbruch der Produktionsstätten das Gelände sich selbst überlassen. Nach 40 Jahren hat die Natur – ohne große Unterstützung durch den Menschen – die Lazarettspitze in ein Biotop verwandelt. Die Pesthäuser bilden daher, wie schon im 18. Jahrhundert, wieder eine isolierte Bautengruppe. Bedrängt werden sie allerdings von der dreispurigen Auffahrtsschleife zur Nibelungenbrücke.

Im Hintergrund ist nördlich der Schwabelweiser Eisenbahnbrücke die Donau-Arena zu sehen, die 1999 eröffnet wurde und das ehemalige Eisstadion an der Nibelungenbrücke ablöste.

2007

N

JUGENDHERBERGE UND WINTERHAFEN, UNTERER WÖHRD

Im Mai 1938 fand die Grundsteinlegung für eine neue Jugendherberge auf dem Unteren Wöhrd statt. Nach Plänen der Architekten Wenz & Dörner entstanden zwei zur Wöhrdstraße hin giebelständige Hauptbaukörper mit einem zwischenliegenden Verbindungsbau. Östlich anschließend waren Unterstellmöglichkeiten für Fahrräder angeordnet. Die Fertigstellung der Jugendherberge war jedoch erst nach Kriegsende unter der Leitung des Deutschen Jugendherbergswerks möglich. Insgesamt mehr als 500 Übernachtungsgäste finden dort Platz.

Südlich anschließend ist auf dem Bilddokument von 1958 der Westteil des alten Winterhafens zu sehen. Die Anlage eines Schutzhafens war durch die Einführung der Dampfschifffahrt auf der bayerischen Donau im Jahre 1837 notwendig geworden. Den Auftrag zum Bau erteilte das Königliche Ministerium für Handel und öffentliche Arbeiten allerdings erst 1854. Bis das Hafenbecken ausgehoben war und der Schifffahrt zur Verfügung stand, vergingen zwei weitere Jahre.

1958

Nahezu unverändert hat die Jugendherberge die letzten 50 Jahre überdauert. Sie ist heute ein typisches Beispiel für die Heimatstil-Architektur des Dritten Reiches.

Der alte Winterhafen hatte spätestens seit der Errichtung des neuen Osthafens im Jahre 1963 auf den Gemeindefluren von Barbing seine Schutzfunktion verloren. Er wurde daher ab 1967 mit Bauschutt verfüllt, der von Häuserabbrüchen in der Altstadt und von Straßenbaumaßnahmen stammte. Anfang der 1970er Jahre war das Werk getan. Auf der planierten Fläche entstand einige Zeit später ein gebührenfreier Parkplatz. Von hier aus gelangen vor allem Berufstätige, Einkaufsbummler sowie Besucher in weniger als zehn Minuten zu Fuß in die Altstadt, den Dom und das typische Altstadt-Panorama immer vor Augen.

2007

N

REICHSSTÄDTISCHER STADEL, UNTERER WÖHRD

Das 1968 aufgenommene Luftbild dokumentiert in noch sehr anschaulicher Art und Weise die bis in das 15. Jahrhundert zurückgehenden Nutzungen auf dem Unteren Wöhrd. Im Vordergrund ist der wohl aus dem 18. Jahrhundert stammende städtische Reitstadel zu sehen, der zum Zeitpunkt der Aufnahme bereits eine Autowaschanlage beherbergte. Der nördlich der Wöhrdstraße liegende ehemalige reichsstädtische Baustadel war dagegen noch in seiner ursprünglichen Funktion genutzt. Östlich des Bauhofs, am rechten Bildrand, ist das 1591 errichtete und 1753 erweiterte Bauhofmeisterhaus zu erkennen. Zum Zeitpunkt der Aufnahme war es noch immer von Angehörigen der Bauverwaltung bewohnt.

Westlich des reichsstädtischen Baustadels ist in den Jahren von 1905 bis 1912 auf dem Gelände der ehemaligen Maschinenfabrik Maffei eine Reihe stattlicher Jugendstil-Mietshäuser entstanden. Südlich der Wöhrdstraße siedelten sich nach 1945 Autowerkstätten mit Garagenanlagen an.

1968

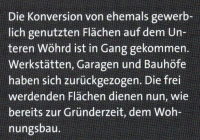

Die Konversion von ehemals gewerblich genutzten Flächen auf dem Unteren Wöhrd ist in Gang gekommen. Werkstätten, Garagen und Bauhöfe haben sich zurückgezogen. Die frei werdenden Flächen dienen nun, wie bereits zur Gründerzeit, dem Wohnungsbau.

Mitte der 1990er Jahre sollte der Untere Wöhrd zu einem „Solar Quarter", einem dicht bebauten, energieeffizienten Viertel, entwickelt werden. Diese hohe Verdichtung ist der Insel erspart geblieben. Dennoch sind die Weichen gestellt: Der Untere Wöhrd wird zukünftig als altstadtnahes Wohnquartier weiter an Bedeutung gewinnen. Auch das Umfeld des Bauhofs, in dem als Zwischennutzung ein künstlich aufgeschütteter Sandstrand angelegt worden ist, wird sich in ein attraktives Wohngebiet verwandeln.

Die Flusslandschaft hat ebenfalls Veränderungen zu spüren bekommen. Durch den Bau des Main-Donau-Kanals hat sich auch die Mündung des Regens in die Donau weiter nach Süden verschoben. Eine massive Mole trennt über einige hundert Meter die dunklen Wasser des Regenflusses von der helleren Donau.

NÖRDLICHER BRÜCKENKOPF
DER EISERNEN BRÜCKE

Bis zur Sprengung im Jahre 1945 verband eine Brücke aus Eisengitterträgern den Unteren Wöhrd mit der Altstadt. Die Maschinenfabrik J. Maffei, die im 19. Jahrhundert auf dem Unteren Wöhrd einen Schiffbaubetrieb unterhielt, errichtete 1863 den Donauübergang. Das Bild von 1958 zeigt zwei Joche der nach 1945 geschaffenen Behelfskonstruktion, die bis zu ihrem endgültigen Abbruch in den Jahren 1990/91 den Verkehr zu bewältigen hatte.

Flankiert wurde der nördliche Brückenkopf von einem markanten dreigeschossigen Walmdachbau des 17./18. Jahrhunderts, der einst als Mühlschreiberhaus diente. Das auf der gegenüberliegenden Nordseite der Wöhrdstraße stehende Mietshaus im Neurenaissancestil war 1904 aus dem Umbau und der Aufstockung des ehemaligen Wohn- und Bürohauses der Firma Maffei hervorgegangen.

Am rechten Bildrand ist der Ostenstadel erkennbar, von dem sich nach Westen hin der Donaumarkt erstreckt, auf dem bis 1944 ein großes Lagerhaus stand. Am Kai vor dem Ostenstadel, der Ende der 1950er Jahre noch seinem ursprünglichen Bestimmungszweck als Lagerhaus diente, werden Güter von der Bahn auf Donauschiffe umgeschlagen.

1958

1964 wurde zugunsten einer geplanten mehrspurigen Brückentrasse vom südlichen Donauufer bis zur Frankenstraße der Häuserbestand am nördlichen Donauufer abgebrochen. Wenngleich das groß dimensionierte Brückenprojekt ab den späten 1970er Jahren nicht mehr weiterverfolgt wurde, kam es erst rund 15 Jahre später zu einer städtebaulichen Neuordnung des exponierten Bereichs am Unteren Wöhrd. 1990 musste aufgrund statischer Mängel der Behelfsbau der „alten" Eisernen Brücke ersetzt werden. Nach den Plänen der Büros Auer und Weber, München, und Mayr und Ludescher, Stuttgart, entstand eine filigrane Stahlbrückenkonstruktion. 1996 konnte das bislang als Parkplatz genutzte Grundstück, auf dem ehemals das Mühlschreiberhaus stand, wiederbebaut werden. Nach den Plänen des Büros Homeier und Richter präsentiert sich nun ein zum Fluss hin orientierter Baukörper in Metall-Glas-Konstruktion.

Auf der anderen Donauseite besteht auch nach 50 Jahren dringender Handlungsbedarf. Die Regensburger Stadtgesellschaft war bislang nicht in der Lage, im Sinne einer Stadtreparatur diese vom Bombenkrieg geschaffene Fläche wieder zu bebauen. Auch der zentrale Anlegebereich für die zahlreichen Flusskreuzfahrtschiffe harrt noch einer ansprechenderen und funktionaleren Gestaltung.

2008

UNTERER WÖHRD, STEINERNE BRÜCKE MIT HAMMERBESCHLÄCHT

Eine reizvolle, fußläufige Verbindung zwischen dem Oberen und dem Unteren Wöhrd ist durch das so genannte Hammerbeschlächt gegeben. Leider nicht immer, da dieser breite, gepflasterte Damm bei höheren Donauwasserständen rasch überflutet wird. Das Beschlächt, das seit Jahrhunderten in Darstellungen dokumentiert ist, diente vor allem dazu, Donauwasser den reichsstädtischen Mühlen zuzuführen. Das Luftbild von 1958 zeigt noch sehr anschaulich, wie die am Unteren Wöhrd gelegenen Mühlen von diesem wasserbaulichen Bauwerk Nutzen ziehen.

Zu Beginn der 1950er Jahre waren dringende Sanierungsmaßnahmen an der Steinernen Brücke erforderlich. Insbesondere die Pfeilerbeschlächte befanden sich in einem äußerst schlechten Zustand. Mit schwerem Gerät mussten die Pfeilervorfüße neu gegründet werden. Zudem sollte der Donau ein besserer Durchfluss gewährt werden, nachdem es insbesondere bei Hochwasser oder Eisgang zu erheblichen Anstauungen oberhalb der Brücke kam. Diese Arbeiten dauerten bis weit in die 1960er Jahre hinein und verleihen seitdem der Brücke ihre Standfestigkeit.

1958

In den 1950er und 1960er Jahren haben die Wasserbauer gründlich gearbeitet. Die Pfeilerbeschlächte der Steinernen Brücke machen einen soliden Eindruck. Die Brückenkonstruktion selbst jedoch wird ab 2010 einer mehrjährigen grundlegenden Sanierung unterzogen.

Das Hammerbeschlächt verbindet nach wie vor die beiden Wöhrde. Die Mühle am westlichen Ende des Unteren Wöhrds hat bereits vor einigen Jahrzehnten ihren Betrieb eingestellt. Am gegenüberliegenden Donauufer haben in der Zwischenzeit die beiden Museumsschiffe Freudenau und Ruthof am Marc-Aurel-Ufer festgemacht.

Am linken oberen Bildrand wartet das Gelände der ehemaligen Spirituosenfabrik Edmund Jacobi Nachfolger auf eine adäquate Nutzung. Für einen geplanten Hotelbau wurde der Bereich in den 1980er Jahren freigeräumt. Nachdem sich dessen Realisierung zerschlagen hatte, gibt es derzeit Überlegungen, diese Planungen in modifizierter Form wieder aufleben zu lassen.

2008

AM GRIES,
STADTAMHOF

Die Aufnahme zeigt Stadtamhof von Osten im Jahre 1972. Im Vordergrund ist der so genannte Gries zu sehen, die Landzunge zwischen nördlichem Donauarm und Regen. Am Uferbereich zeichnen sich bereits einige jener Planungen ab, die seit den 1950er Jahren dieses Areal immer wieder verändern: Insbesondere entlang der Donau ist es zu Landanschüttungen gekommen, die sich durch die noch karge Vegetation von der alten Auenlandschaft abheben. Am Regenufer ist eine Ausbuchtung zu erkennen, die bereits auf den Bau des Europakanals hinweist. An dessen Stelle ist hier allerdings noch der so genannte Protzenweiher zu sehen. Dabei handelte es sich um die ab 1809 aufgeschüttete Flutmulde der Donau, die eine direkte Straßenverbindung von Stadtamhof nach Steinweg ermöglichte.

1972

Die Flusslandschaft um den Gries scheint sich seit dem Durchstich des Europakanals im Jahr 1973 verfestigt zu haben. Die auf dem Bild von 1972 noch völlig unmotiviert und überdimensioniert wirkende Protzenweiherbrücke hat nun mehr Sinn bekommen. Im Westen von Stadtamhof (am oberen Bildrand) überspannt die neue Oberpfalzbrücke den Kanal. Die abermals verlängerte Landzunge zwischen Donau und Regen ist sowohl zu einer Grünanlage mit hohem Naherholungs- und Freizeitwert als auch zum Anlegeplatz für die Kanalschifffahrt geworden.

Der in nördlicher Verlängerung des Grieser Stegs 1634 errichtete Andreasstadel diente bis ins frühe 19. Jahrhundert als bayerisches Salzlager. Heute treffen sich in dem liebevoll sanierten Künstlerhaus Kunstschaffende und -interessierte aus aller Welt.

2007

STADTAMHOF MIT PROTZENWEIHERBRÜCKE

Main und Donau durch einen Kanal zu verbinden, hatte im 8. Jahrhundert bereits Karl der Große versucht. Diese Vision beschäftigte die Zeitgenossen stets aufs Neue. Im 19. Jahrhundert plante und baute das Königreich Bayern unter seinem Regenten Ludwig I. einen Kanal von Bamberg bis Kelheim. Technische Unzulänglichkeiten und die Konkurrenz der aufkommenden Eisenbahn verwehrten dem ehrgeizigen Projekt den wirtschaftlichen Erfolg. Ende des 19. Jahrhunderts wurde erneut ein Projekt entwickelt, welches großen Schiffen die Passage vom Main zur Donau ermöglichen sollte.

In Regensburg galt die Steinerne Brücke als erklärtes Schifffahrtshindernis. Die gehegten Abbruchpläne wurden gottlob verworfen. Stattdessen sollte sie mit einem Kanal umfahren werden. Als einzig mögliche Trasse bot sich die Flutmulde am Protzenweiher an. Da Stadtamhof damit zu einer Insel wurde, musste zunächst ein Brückenbauwerk errichtet werden. 1939/40 begannen die Gründungsarbeiten für die Widerlager bzw. Pfeiler der Protzenweiherbrücke. Der Zweite Weltkrieg verhinderte weitere Bauarbeiten, so dass die Brücke erst im Jahre 1953 fertig gestellt wurde. Westlich der Brücke ist auf dem Bilddokument von 1958 noch der Bereich der Warendult zu sehen. Im unteren Bilddrittel sind die stattlichen Bürgerhäuser in der Stadtamhofer Hauptstraße erkennbar.

1958

Rund 20 Jahre verband das Brückenbauwerk Steinweg und Stadtamhof
ohne große verkehrliche Bedeutung.
Der Kanalbau erreichte Stadtamhof
erst 1971 mit dem Bau der Oberpfalzbrücke und den ersten vorbereiten-
den Maßnahmen für den Schleusen-
bau und die Anbindung an die Donau
bei Pfaffenstein bzw. im Bereich der
Regenmündung. 1977 waren die Arbeiten weitgehend abgeschlossen. Ein
Jahr später fuhren erstmals Schiffe
über Regensburg hinaus Richtung
Kelheim. Das 2008 erstellte Luftbild
zeigt eine infolge einer Schiffshava-
rie stark beschädigte Protzenweiherbrücke mit einem seitlichen Fußgän-
gersteg.

Die Stadtsanierung beschränkte
sich nicht nur auf den Bereich der
Altstadt südlich der Donau, sondern
hielt auch in Stadtamhof Einzug. Die
Hauptstraße – heute Sanierungs-
gebiet – zeigt sich bereits in einem
farbenfrohen Gewand. Stadtamhof
ist dank seiner Nähe zur Altstadt,
der ruhigen Lage und des grünen
Wohnumfelds zu einem bevorzugten Wohnstandort geworden. Vom
Touristenbusterminal am unteren
linken Bildrand aus erleben auswär-
tige Tagestouristen den „vornehms-
ten" Zugang zur Altstadt.

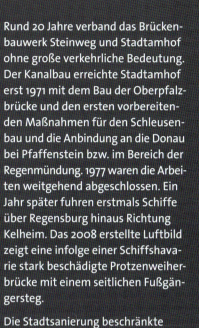

2008

KATHARINENSPITAL
UND BRÜCKENBASAR

Das 1958 entstandene Foto hält den Blick auf Stadtamhof und den Gebäudekomplex des einst reichsstädtischen St. Katharinenspitals aus südöstlicher Richtung fest. Die Achse Steinerne Brücke – Brückenbasar – Stadtamhofer Hauptstraße durchschneidet das Bild diagonal.

Der Brückenbasar wurde 1824/25 seitlich des vormaligen Schwarzen Turms errichtet, der bis 1809 den Mittelpunkt des befestigten Stadtamhofer Brückenkopfes gebildet hatte. Dabei wurde der 16. Bogen der Steinernen Brücke teilweise zugebaut. Die historische Ufermauer ist bereits verschwunden. An ihre Stelle ist, noch sichtbar frisch, eine Vorlandaufschüttung getreten, die dem Hochwasserschutz dienen sollte. Die Steinerne Brücke, deren seitliche Brüstungen seit 1950 größtenteils aus Betonplatten bestehen, ist von Autos befahren.

1958

Auf den ersten Blick haben sich kaum Veränderungen ergeben. Die künstlich hergestellte Ufersituation hat nach einem halben Jahrhundert den Charakter des Natürlichen angenommen.

Die Steinerne Brücke ist nach einem Bürgerentscheid im Jahr 1997 für private Kraftfahrzeuge gesperrt. Im Aufnahmejahr des Fotos dienten gelbe Kunststoffschienen auf der Fahrbahn dazu, die statische Belastung durch die damals noch immer über die Brücke fahrenden Busse einzuschränken.

Die augenfälligste Veränderung im Stadtamhofer Baubestand hat sich an der Andreasstraße ergeben, an der es 1970 zu mehreren Abbrüchen gekommen ist. Auf der Südseite der Straße erfolgte von 1985 bis 1987 eine neue Wohnbebauung. Insgesamt aber wurde das historische Stadtbild durch die im Jahr 2006 abgeschlossene Neugestaltung der Hauptstraße und zahlreiche Einzelsanierungen unstrittig aufgewertet.

2007

 N

FRANZISKANERPLATZ, STADTAMHOF

Der Franziskanerplatz wird von dem 1891 im Stil der Neorenaissance errichteten ehemaligen Amtsgerichtsgebäude (heute Staatliches Vermessungsamt) dominiert. Früher befand sich in diesem Bereich das Franziskanerkloster, dessen Mönche sich zu Beginn des 17. Jahrhunderts in Stadtamhof niederließen und dieses Kloster errichteten. Die Stelle, an der die Klosterkirche stand, markiert heute das Haus Franziskanerplatz 8, welches auf dem Bilddokument östlich des ehemaligen Gerichtsgebäudes zu sehen ist. Die Kirche wurde erst 1908 abgebrochen, nachdem sie seit der Säkularisation im Jahre 1803 als Stadel gedient hatte.

Nach Süden hin, der Donau vorgelagert, präsentiert sich eine Häuserzeile, die nach der Beschießung von 1809 wiederaufgebaut wurde. Die zur Sonne hin orientierten Gärten sind von einer Quadermauer eingefriedet und grenzen direkt an den Donaunordarm an.

1958

50 Jahre später hat sich der Häuserbestand im Umfeld des Franziskanerplatzes kaum verändert. Allenfalls die Stadtsanierung schuf durch Modernisierungen und kleinere Nachverdichtungen im westlichen Bereich heute nachgefragten Wohnraum. Ein Hochwasserschutzdamm sorgt für eine Grundsicherung gegen Überschwemmungen. Mobile Elemente, die auf das strukturierte Betonband im Vordergrund aufgesetzt werden können, kommen im Ernstfall zusätzlich zum Einsatz.

Auf der großen Hoffläche am linken oberen Bildrand, um die einst das Säge- und Hobelwerk Pröckl am Protzenweiher seinen Betrieb hatte, findet seit geraumer Zeit wöchentlich ein Flohmarkt statt.

2007

DULTPLATZ, STADTAMHOF

Seit dem 14. Jahrhundert finden in Stadtamhof Jahrmärkte bzw. Volksfeste statt. Früher bot die Dult den Besuchern hauptsächlich die Gelegenheit, sich mit Waren einzudecken, die insbesondere im ländlichen Bereich nicht vorhanden waren. Heute ist das zweimal jährlich stattfindende Volksfest vor allem ein Ort von Kurzweil und Vergnügen. Im Jahr der Aufnahme, 1970, hatte die Dult noch ihren Platz auf dem Protzenweiher, einer zwischen den einst selbstständigen Gemeinden Stadtamhof und Steinweg gelegenen Flutmulde, die für die Abdrift von Hochwässern und Eisgang jahrhundertelang von großer Bedeutung war. Mit dem Bau des Main-Donau-Kanals zwischen 1972 und 1977 verlor die Dult ihren zentralen Standort. Westlich von Stadtamhof, auf einer ehemals landwirtschaftlich genutzten Fläche, entstand der neue Dultplatz. Er beherbergte das Volksfest erstmals im Herbst 1971.

1970

Schleuse und Main-Donau-Kanal haben Stadtamhof zur Insel gemacht. Die Sperrung der Steinernen Brücke für den motorisierten Individualverkehr im Jahr 1997 und für den öffentlichen Personennahverkehr im Jahr 2008 sowie die durch eine Havarie im Jahr 2008 ausgelöste Zerstörung der Protzenweiherbrücke haben diese Insellage noch verschärft. Aber nicht alles hat sich in Stadtamhof verschlechtert: Der Kanalbau schuf auch ein attraktives Fußwegenetz parallel zu den Wasserläufen und neue Grünflächen mit Spiel- und Freizeitmöglichkeiten für Kinder und Erwachsene.

Der Dultplatz ist nicht nur Standort für das Volksfest, sondern auch Gelände für Messen, Zirkusveranstaltungen oder Flohmärkte. Nicht zuletzt dient er als kostenloser Parkplatz für die Altstadt, von dem man in wenigen Minuten über Pfaffensteiner und Eiserner Steg zu Fuß ins Stadtzentrum gelangt.

2007

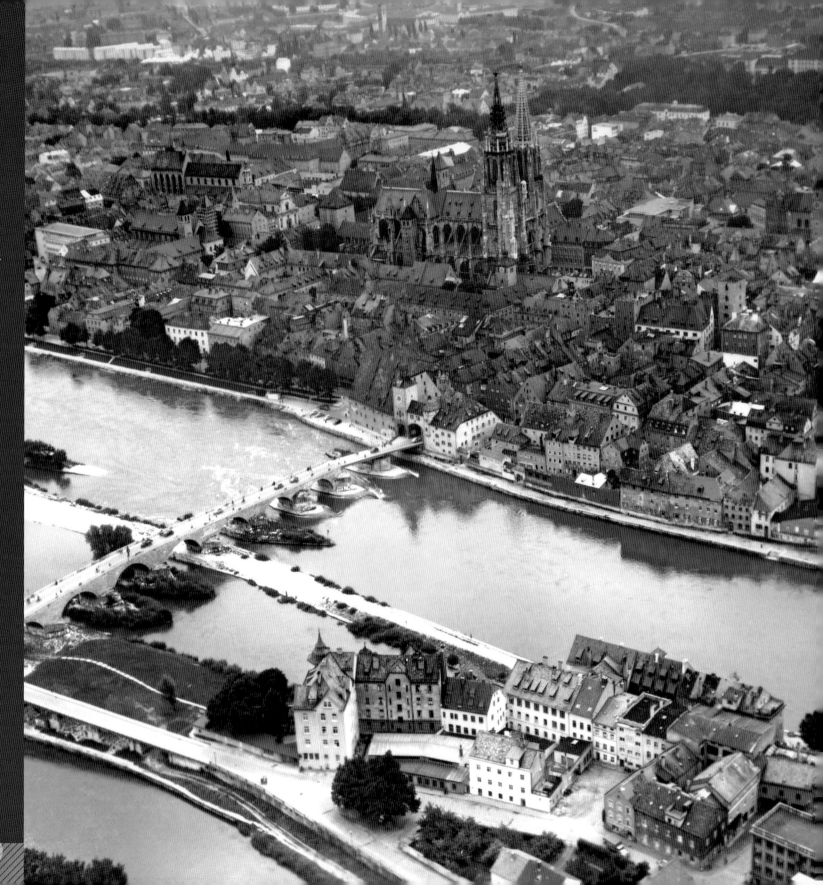

MÜHLENQUARTIER, OBERER WÖHRD UND ALTSTADT

Der östliche Teil des Oberen Wöhrds zwischen dem Hammerbeschläcnt und der Lieblstraße wird auch als Mühlenquartier bezeichnet. Seit dem 14. Jahrhundert trieb das in Ka-nälen zugeleitete Wasser Hammer-werke an. Auf dem Bild von 1956 ist der Komplex der Rotschmiedewerk-stätten Brandner AG gut zu erkennen. Die Brandner AG hatte Ende des 19. und zu Beginn des 20. Jahrhunderts ihre Fabrikationsstätten auf dem Oberen Wöhrd in großem Stile aus-gebaut. Bis weit in das 20. Jahrhun-dert hinein war der östliche Obere Wöhrd stark gewerblich geprägt.

Der Blick über die Donau auf die Altstadt lässt den schlechten Zu-stand der Dächer und Fassaden nur erahnen. Aber auch im Innern der meisten Gebäude bestand Mitte der 1950er Jahre dringender Handlungs-bedarf. Die Notwendigkeit einer Altstadtsanierung wurde in jenen Jahren bereits erkannt. Die Umset-zung sollte jedoch noch Jahrzehnte in Anspruch nehmen.

1956

Wo einst Mühlräder die schweren Hämmer antrieben, ist beschauliche Ruhe eingekehrt. In der ehemaligen Rotschmiede hat sich ein nobles Hotel etabliert, das seinen Gästen einen grandiosen Blick auf das Altstadtensemble zu bieten vermag. Auch in die übrigen, einst gewerblich genutzten Häuser wurden elegante Wohnungen eingebaut.

Die Altstadt zeigt sich – an einem sonnigen Tag aus der Luft fotografiert – herausgeputzt und heiter. Nach fast 50 Jahren Altstadtsanierung befinden sich die meisten Gebäude in einem guten bis ausgezeichneten Zustand. Wirtschaftlicher Wohlstand und das Bekenntnis zur Bewahrung dieses einzigartigen historischen Ensembles haben innerhalb von zwei Generationen zu diesem herausragenden Ergebnis geführt!

2007

BADSTRASSE, OBERER WÖHRD

Diese Aufnahme hält den Zustand des Oberen Wöhrds im Jahre 1958 fest. Die Bebauung der Insel konzentriert sich im Wesentlichen auf die der Altstadt gegenüberliegende Badstraße mit ihrem mehrheitlich barocken Häuserbestand. Nahe dem rechten Bildrand erinnert der Schlot hinter dem barocken Fischerhaus Lieblstraße 4 an die gewerbliche Nutzung dieses Anwesens ab den 1870er Jahren, unter anderem als „Chemische Fabrik Lauser". Das westlichste Haus der Lieblstraße nahm, im Jahr der Fotografie errichtet, die in den 1930er Jahren begonnene private Wohnbebauung in diesem Bereich der Insel wieder auf.

1958

Die kleinteilige Fassadenabwicklung entlang der Badstraße ist unverändert erhalten geblieben. Verändert hat sich jedoch die Ufersituation: Vor der optisch einst klar trennenden Mauer hat sich ab den 1970er Jahren durch Schwemmsand eine inzwischen bewachsene Böschung gebildet, so dass die innerstädtische Uferpartie die Züge einer natürlichen Flusslandschaft angenommen hat. Im Inneren des Wöhrds fand etwa ab dem Jahr 2000 eine bauliche Nachverdichtung statt, die vor allem nördlich der Lieblstraße ablesbar ist.

2007

FREIBAD,
OBERER WÖHRD

Vielen Regensburgern ist heute das „Wöhrdbad" noch immer besser bekannt unter der Bezeichnung „RT-Bad", welches die Regensburger Turnerschaft 1950 mit großem Einsatz gebaut hatte. Der 10-Meter-Sprungturm am 50-Meter-Becken war nach Kriterien entworfen worden, um internationale Wettkämpfe durchführen zu können. In einem offiziellen Stadtplan von 1958 haben die Sportstätten auf dem Oberen Wöhrd noch andere Bezeichnungen: Das Freibad wird als „Sportbad Oberer Wöhrd" geführt, der südlich davon gelegene Sportplatz heißt „Jahnwiese" und der östlich anschließende Hallenbau trägt noch die Bezeichnung „Jahnturnhalle".

1958

Aus dem einstigen Sportbad ist ein von hohen Bäumen umstandenes Freizeitbad geworden. Der Obere Wöhrd ist heute die grüne Lunge für die Altstadt, die es für die Zukunft zu erhalten gilt.

Diese Insel spielt jedoch auch für die Wasserversorgung eine bedeutende Rolle, worauf das Wasserwerk am unteren Bildrand hinweist. Hier werden seit 1948 jährlich etwa zwei Millionen Kubikmeter Uferfiltrat aus der Donau gewonnen. Dies entspricht knapp 20 Prozent der auf dem Regensburger Stadtgebiet geförderten Trinkwassermenge.

2007

RT-HALLE,
OBERER WÖHRD

Insbesondere in seinem westlichen Bereich ist der Obere Wöhrd bereits seit Jahrhunderten ein Ort der Muße und Entspannung. Schon 1654 beauftragte der Rat der Stadt das Bauamt, auf dem Oberen Wöhrd eine Allee anzulegen. „Das gesandtschaftliche Personal des Reichstages, die Kaufleute und die ganze schöne Welt erquickte sich im Schatten der Bäume der Donauinsel" vermerkt bereits der Chronist Karl Sebastian Hosang.

Im 20. Jahrhundert entwickelte sich der Obere Wöhrd zum bevorzugten Ort für die Leibeserziehung. 1928 schlossen sich drei Vereine zur Regensburger Turnerschaft zusammen. Der neue Verein war in der Lage, bereits ein Jahr später die RT-Halle – heute ein Baudenkmal im Bauhaus-Stil – zu errichten. Westlich der RT-Halle entstanden Sportplätze für Fußball und Leichtathletik. 1950 kam mit dem Freibad eine weitere attraktive Sport- und Freizeitstätte hinzu. Östlich der RT-Halle pachtete der Regensburger Ruder- und Tennisclub von der Evangelischen Wohltätigkeitsstiftung eine Fläche und errichtete darauf Tennisplätze.

Auf dem Luftbild der 1950er Jahre sind zudem Reste der Allee aus dem 17. Jahrhundert erkennbar, wobei die Bäume häufig wegen Eisstoß und Windbruch nachgepflanzt werden mussten.

1958

Der östliche Teil des Oberen Wöhrds hat sich zunehmend zu einem Wohnquartier entwickelt. 2003 errichtete die Evangelische Wohltätigkeitsstiftung zwei Wohnblocks an der Stelle, an der früher noch Tennis gespielt wurde. Auch andere Investoren beteiligten sich am Bau von Wohnungen in dieser exklusiven Lage auf der Donauinsel.

Die Regensburger Turnerschaft, in den 1950er Jahren mit 5 000 Mitgliedern der zweitgrößte Sportverein Bayerns, musste 1986 aus wirtschaftlichen Gründen das gesamte Gelände mit den Immobilien und dem Freibad an die Stadt verkaufen. In der Folgezeit wurden sowohl die Halle als auch das Freibad grundlegend saniert. Sie werden heute unter städtischer Regie weiter betrieben.

Seine herausragende Erholungsfunktion für die Regensburger Bürgerschaft konnte der Obere Wöhrd jedoch weiter ausbauen. Nicht zuletzt hat sich das innerstädtische Grün entlang der Donau weiterentwickelt. Von der historischen Allee dagegen sind nur mehr Reste erkennbar.

2007

ARNULFSPLATZ

Das Bild aus dem Jahr 1956 zeigt am unteren Bildrand in der Mitte die in nord-südlicher Richtung verlaufende Straße „Zur Schönen Gelegenheit". Diese mündet in den verkehrsreichen, damals noch von der Straßenbahn befahrenen Arnulfsplatz. Sie gehört, ebenso wie die westlich parallel verlaufende Rote-Löwen-Straße, zum innersten, um die Mitte des 12. Jahrhunderts ummauerten Teil der Westnerwacht. Gegenüber der Einmündung der Roten-Löwen-Straße in die Wollwirkergasse steht, in der Kurve zum Arnulfsplatz, noch das an seinem schwarz wirkenden Dach erkennbare so genannte Böhmische Eck, ein wertvolles Relikt romanischer Profanbaukunst (11. bis 13. Jahrhundert) in der westlichen Vorstadt. In der linken Bildhälfte ist im Vordergrund der Weißgerbergraben zu sehen, der ebenfalls in den Arnulfsplatz mündet und dem Verlauf der unter Herzog Arnulf gegen 920 angelegten westlichen Stadtbefestigung entspricht.

1956

Der Stadtgrundriss ist im letzten halben Jahrhundert unverändert geblieben. Auch der Arnulfsplatz wird trotz des Fehlens der Straßenbahn noch immer von seiner verkehrlichen Nutzung geprägt. Die Eingriffe in den Häuserbestand – besonders bedauerlich ist der weitgehende Abbruch des Böhmischen Ecks 1992 – haben sich meist auch in der Dachlandschaft niedergeschlagen. So wirkt der 1971 errichtete zweiteilige Betonkubus an der Ecke Weißgerbergraben/Ludwigstraße als Fremdkörper in der Altstadt.

Zu durchgreifenden Veränderungen ist es auch westlich des Arnulfsplatzes gekommen: Ausgelöst durch den Bau einer Tiefgarage wurden dort 1976 die Wirtschaftsgebäude der ehemaligen Brauerei Emslander abgebrochen, deren Bausubstanz zum Teil bis ins 14. Jahrhundert zurückreichte. An ihre Stelle ist 1996 ein Lebensmittelmarkt mit Wohnnutzung in den Obergeschossen getreten. Im Vordergrund deutlich erkennbar sind die Entkernungen der Innenhöfe. Sie führten dazu, dass sich grüne Oasen und damit eine höhere Lebensqualität für die Anwohner entwickeln konnten.

2007

N

BISMARCKPLATZ
MIT ST. JAKOB

Der Blick schweift in südwestlicher Richtung über den Bismarckplatz. Die Stirnseite des Platzes wird dominiert vom sechssäuligen Portikus des so genannten Präsidialpalais, das Carl von Dalberg 1804/05 von Emanuel d'Herigoyen als Residenz des französischen Gesandten errichten ließ. Es ist axial auf das unmittelbar zuvor erbaute Theater- und Gesellschaftshaus ausgerichtet.

Während östlich davon die bereits gegen 920 befestigte Kernaltstadt beginnt, erstreckt sich westlich das weitläufige Areal des einstigen Schottenklosters. Das Kloster – zunächst noch außerhalb der Stadt gelegen – entwickelte sich hier ab etwa 1090. Von der langen Front der Konventsbauten (seit 1866 Priesterseminar) abgesetzt und nach Osten in den Platz vorspringend, erhebt sich ein ab dem 13. Jahrhundert außerhalb der Klostermauer gewachsener Baukörper. Seine heutige Gestalt erhielt das ehemalige Handwerkerhaus 1792.

1956

Der Gebäudebestand ist seit 1956 unverändert. 1976 beschloss der Stadtrat die Errichtung einer großzügigen Tiefgarage. Nach einer archäologischen Grabung wurde die Platzoberfläche in den Jahren 1981/82 grundlegend neu gestaltet. Der nach Süden ansteigende Platz ist seither, mit Ausnahme der seitlichen Straßenzüge, durch eine Terrassenbildung abgestuft. An die Stelle des großen, um 1885 angelegten Brunnenrondells sind, nach einem Entwurf von Otto Körner, zwei kleinere Springbrunnen in der nördlichen und in der südlichen Platzhälfte getreten. Die beiden Baumreihen, die den Blick auf den Säulenportikus im Süden lenken, erinnern noch entfernt an die einst hier befindliche, bereits unter Dalberg angelegte „Promenade".

Am rechten Bildrand ist der 1999 errichtete Glasvorbau über das Schottenportal in Ansätzen zu erkennen. Mit seinem urtümlichen und rätselhaften Bildwerk gibt dieses Tor Anlass zu verschiedenen Interpretationen und zählt zu den bedeutendsten romanischen Baudenkmälern Deutschlands.

2007

STADTTHEATER

Im Zentrum des 1958 aufgenomme-
nen Bildes steht das klassizistische
Stadttheater. Es wurde 1804 unter
Carl von Dalberg, dem damaligen
Regensburger Landesherrn, von
dessen Hofarchitekten Emanuel
d'Herigoyen als Theater- und Gesellschaftshaus errichtet. Es trennte
den einst langgestreckten Platz am
Übergang von der Kernaltstadt zur
Westnerwacht, den Jakobsplatz oder
auch Jakobshof, in zwei Teile: Dem
„unteren" Teil entspricht der heutige
Arnulfsplatz, während der „obere"
Teil 1885 in Bismarckplatz umbenannt
wurde. Nach einem Brand 1849 wurde das Theater 1851/52 durch den
Fürstlich Thurn und Taxis'schen Bau-
rat Karl Victor Keim wieder aufge-
baut. 1953 erfolgte der Durchbruch
der Fußgängerpassage entlang der
Neuhausstraße.

1958

Auf den ersten Blick hat sich in den letzten 50 Jahren wenig verändert. Die Fußgängerpassage durch den Westflügel des Theaters ist seit einer 2001 abgeschlossenen Generalsanierung wieder geschlossen. Der Bismarckplatz hat, nach dem Einbau der unterirdischen Parkgarage in den Jahren 1981/82, eine neue attraktive Gestaltung erfahren.

Auf der Westseite der Neuhausstraße durchbricht ein vom rechten Winkel dominierter Bau des Jahres 1968 das historische Häusergefüge. Die Ecke Ludwigstraße/Weißgerbergraben wird seit 1971 von der im Altstadt-Ensemble störenden Sichtbetonästhetik geprägt. Andere Veränderungen sind subtilerer Art. So zeugt etwa die generelle Zunahme an Dachgauben von der Tendenz, früher als Speicher genutzte Dachräume einer Wohnnutzung zuzuführen. Nicht zuletzt deshalb nahm die Bevölkerung in der Altstadt in den vergangenen Jahren um etwa 200 Personen pro Jahr zu.

2007

OBERMÜNSTER

Der Blick fällt auf eine seit der Antike im Regensburger Stadtgrundriss bestehende Ecksituation: Die Fröhliche-Türken-Straße, die dem Verlauf der via decumana des römischen Legionslagers folgt, stößt an der Stelle des einstigen Südtores auf den nach Westen führenden St.-Peters-Weg. Dieser entspricht der südlichen Begrenzung von Römerlager und mittelalterlicher Stadt.

Einen städtebaulichen Akzent bildet das 1903 über L-förmigem Grundriss errichtete ehemalige Mädchenlyzeum, ein – von Adolf Schmetzer überarbeitetes – Frühwerk von Paul Bonatz. Daran schließen sich am St.-Peters-Weg nach Westen die Glockengießerei Spannagel und das Maschinenhaus der Jesuitenbrauerei an. Zu dieser gehörten auch die nördlich davon gelegenen, bis an die Obermünsterstraße reichenden Gebäude. Am linken Bildrand ist das Areal des im 8. Jahrhundert gegründeten Damenstiftes Obermünster mit den – 1955 weitgehend abgeräumten – Überresten der 1945 bombardierten Basilika zu sehen.

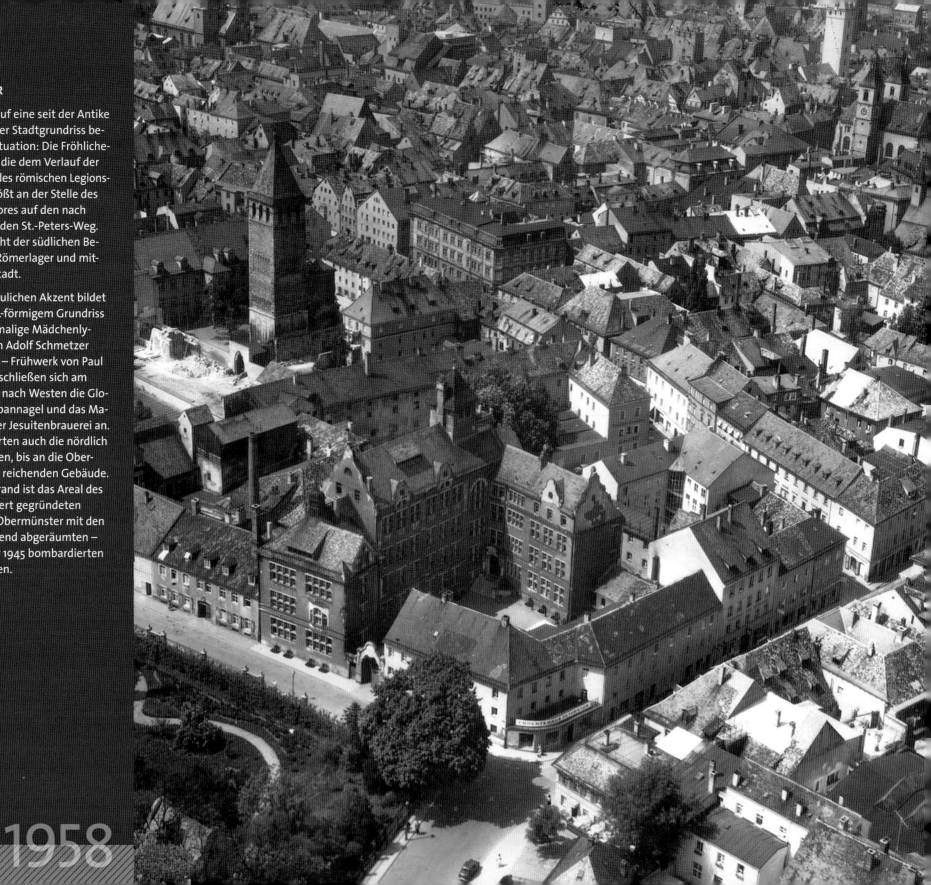

1958

Während die Fröhliche-Türken-Straße und die Obermünsterstraße ihr Erscheinungsbild wahren konnten, wurden am St.-Peters-Weg die gewachsenen urbanen Strukturen ausgelöscht. Westlich des Schulgebäudes wurde hier 1966 ein großflächiges Parkhaus errichtet. Die historische Baulinie an der alten Südkante der Stadt wurde aufgegeben. Damit war dieser Eingriff in Stadtgrundriss und Stadtbild letztlich kaum weniger folgenschwer als die Erstürmung Regensburgs durch die Truppen Napoleons am 23. April 1809, als in diesem Bereich der Stadt schwerste Schäden zu verzeichnen waren.

Das Parkhaus wird in den Jahren 2011 und 2012 abgerissen und neu gebaut, wobei auch die alte Bauflucht wieder aufgenommen und der historische Untergrund nicht angetastet werden. Das Obermünsterviertel soll durch gemeinsame Anstrengungen von Stadt und Bürgerschaft aufgewertet werden und aus dem Schatten der Kernaltstadt heraustreten.

2007

KEPLERAREAL

Auf der Aufnahme aus dem Jahr 1956 ist der Regensburger Grüngürtel zwischen Bahnhof und Altstadt zu sehen. Der Bildausschnitt wird begrenzt von der Maximilianstraße und der D.-Martin-Luther-Straße, die seit 1927 durch die Albertstraße verbunden sind. Nördlich dieser Ost-West-Zäsur befand sich einst der evangelische, mittig der jüdische und südlich der katholische Petersfriedhof. Von letzterem zeugt noch das 1806 erbaute Kirchlein. Auf dem Areal des evangelischen Friedhofs erhebt sich der so genannte Keplerbau, das 1932/33 nach Plänen des Kemptener Architekten Heydecker errichtete und nach Behebung der Kriegsschäden 1952 wieder eröffnete evangelische Gemeindehaus.

Das Entrée zur Altstadt war durch die historistischen Gebäude beiderseits der Maximilianstraße ausgesprochen repräsentativ gestaltet: Links das Parkhotel Maximilian in feudalem Neorokoko, dahinter das etwas nüchternere Hotel National; rechts, weitgehend verdeckt, ein Wohn- und Geschäftshaus in den Formen der Neorenaissance.

1956

Der südliche Altstadtzugang hat sein Gesicht verändert. Zunächst entstanden von 1958 bis 1960 nördlich des Ernst-Reuter-Platzes drei fünf- bis siebengeschossige Gebäude. 1973 musste dann auch der alte Keplerbau einem bis 1975 errichteten, mehrgliedrigen Komplex mit Hochhaus weichen. Dieses beherbergt, ebenso wie das südöstlich benachbarte Gebäude, ein Studentenheim der evangelischen Kirche.

Durch diese intensive Bautätigkeit ist es zu einem empfindlichen Eingriff in den die Altstadt umschließenden Alleengürtel gekommen. Vor allem aber ist das einst so repräsentative Altstadt-Entrée an der Maximilianstraße durch die Negierung der überkommenen Maßstäbe und Baufluchten architektonisch aus den Fugen geraten.

Noch nicht abschließend geklärt ist die Frage, ob auf dem Keplerareal ein Kultur- und Kongresszentrum errichtet und der zentrale Busbahnhof Albertstraße, der an seine Leistungsgrenze stößt, an den Hauptbahnhof verlagert wird.

2007

BUNDESBAHNDIREKTION

Mitte des 19. Jahrhunderts erreichte die Eisenbahn Regensburg. 1859 eröffnete die Königlich-Privilegierte Bayerische Ostbahngesellschaft die Strecke von Landshut über Regensburg und Amberg nach Nürnberg. Regensburg erhielt im Jahre 1890 ein repräsentatives Verwaltungsgebäude für die Königlich-Bayerische Staatsbahndirektion, die ab 1920 in der Deutschen Reichsbahn aufging. Der Direktionsbezirk umfasste den gesamten ostbayerischen Raum. Nach 1945 wurde aus der Reichsbahndirektion die Bundesbahndirektion Regensburg, eine von 17 Direktionen in der damaligen Bundesrepublik. Mitte der 1950er Jahre lagen die im Direktionsbezirk erbrachten Leistungen im Güterverkehr bundesweit an siebter Stelle. Rund 20 000 Bundesbahnbedienstete sorgten für den reibungslosen Ablauf des Betriebs.

Am oberen Bildrand ist das Schloss der Fürsten von Thurn und Taxis zu erkennen. In der einstigen säkularisierten Reichsabtei St. Emmeram befindet sich seit dem 19. Jahrhundert eine der bedeutendsten europäischen Fürstenresidenzen. Das Schloss war und ist jedoch nicht nur Ort höfischen Lebens, sondern auch Anlaufstelle für bedürftige Regensburger, die kostenlos eine warme Mahlzeit erhalten. Ende der 1950er Jahre verköstigte die fürstliche Notstandsküche täglich 350 Notleidende.

1958

Nahezu unverändert hat die ehemalige Bundesbahndirektion an der Bahnhofstraße das letzte halbe Jahrhundert überstanden. Gleiches gilt jedoch nicht für die Deutsche Bundesbahn, die sich in den letzten Jahrzehnten einem tiefgreifenden Strukturwandel zu stellen hatte. Die Verlagerung des Güterverkehrs von der Schiene auf die Straße, die seit Mitte der 1960er Jahre dynamisch einsetzte, zwang die Bahn zu nachhaltigen Reaktionen. Streckenstilllegungen und Personalabbau sollten zunächst dem Unternehmen den erforderlichen betriebswirtschaftlichen Spielraum verschaffen. 1970 erfolgte die Auflösung der Bundesbahndirektion Regensburg. Ihre Dienststellen wurden schrittweise der Direktion in Nürnberg angegliedert.

In den 1980er Jahren veräußerte die Bahn das Verwaltungsgebäude an der Bahnhofstraße an den Freistaat Bayern, der die Bezirksfinanzdirektion darin unterbrachte. 2005 wurde diese Mittelbehörde aufgelöst und zu einer zentralen Landesbehörde, dem Landesamt für Finanzen, zusammengefasst.

Auch das Schloss Thurn und Taxis präsentiert sich nach wie vor in dem vertrauten Erscheinungsbild. Die in der letzten Dekade entwickelten Pläne zum Bau eines Veranstaltungszentrums bzw. zum Umbau zu einem Fünf-Sterne-Hotel wurden nicht umgesetzt. Umgebaut und umgenutzt wurden jedoch der fürstliche Marstall an der Waffnergasse, in dem sich nun neben einer Gaststätte großzügige Wohnungen und Büros befinden.

2007

KUMPFMÜHLER EISENBAHNBRÜCKE UND VERLAGSGEBÄUDE DER MZ

Am nördlichen Brückenfuß der Kumpfmühler Eisenbahnbrücke ist um die Jahrhundertwende ein kleines Gewerbegebiet entstanden. Nahe den Bahngleisen errichtete 1910 die Bayerische Zentral-Darlehenskasse München das „Landwirtschaftliche Lagerhaus Regensburg" (später BayWa Lagerhaus) mit einem Siloturm. Weiter nördlich ist der Gebäudekomplex der Mittelbayerischen Zeitung (MZ) zu sehen. Von 1911 bis 1933 war in diesem Anwesen die Maschinenfabrik Lanz ansässig, danach bis 1945 der nationalsozialistische Gauverlag „Bayerische Ostmark", der in den früheren Maschinenhallen eine Druckerei betrieb. Seit 1945 wird an diesem Ort die Mittelbayerische Zeitung hergestellt.

Auf dem Luftbild von 1958 ist in der Bildmitte das Schloss St. Emmeram erkennbar. Dessen Park geht, ganz im Sinne romantischer Gartenkunst, scheinbar grenzenlos in den Grüngürtel über. Lediglich der jüngere, im Süden bis an die Margaretenstraße heranreichende so genannte Ressource-Garten hebt sich klar ab.

1958

Von 1989 bis 1991 wurde die Kumpfmühler Brücke nach Plänen des Architekturbüros Dömges neu gebaut. Sie führt stadteinwärts zu dem mächtig gewachsenen Druck- und Verlagszentrum der Mittelbayerischen Zeitung. Seit Anfang 2010 findet die Produktion der Mittelbayerischen Zeitung im neuen Druck- und Logistikzentrum im Gewerbegebiet Burgweinting statt. Mitte 2010 wechselte das MZ-Gelände den Eigentümer, der an dieser Stelle eine Mischung aus Büros, Einzelhandel und Wohnen realisieren möchte.

Das landwirtschaftliche Lagerhaus fiel 1998 der Spitzhacke zum Opfer. Auf dem Grundstück wurden Parkplätze geschaffen. Die Bahnhofstraße östlich der Kumpfmühler Brücke wird in den kommenden Jahren ein völlig neues Gesicht erhalten und sich von einem gewerblich dominierten zu einem vor allem von studentischem Wohnen geprägten Quartier verwandeln.

2007

JUSTIZGEBÄUDE

Im Zentrum des 1958 aufgenomme-
nen Fotos steht das 1901 bis 1904
von Friedrich Niedermayer erbaute
Justizgebäude. Gegenüber der Süd-
mauer des Dörnbergparks gelegen,
verleiht es der Augustenstraße an
der Ecke zur Kumpfmühler Straße
städtebauliche Prägnanz. Zu der in
Formen der deutschen Renaissance
errichteten Anlage gehören auch das
Wohnhaus des Gefängnispersonals
in der rechten unteren Bildecke sowie
das dahinter liegende, ebenfalls vom
Bildrand überschnittene Gefängnis-
gebäude.

An der Kumpfmühler Straße, südlich
an das Justizgelände anschließend,
liegt das ebenfalls noch in historistischen Formen errichtete Wasser- und
Schifffahrtsamt. Es entstand nach
dem Ersten Weltkrieg als „Neubau-
amt Regensburg für den Ausbau der
Großschiffahrtsstraße Rhein-Main-
Donau". Östlich der Kumpfmühler
Straße und entlang der Margaretenstraße sind die Gebäude des Mittelbayerischen Verlages zu erkennen.

1958

Das städtebauliche Umfeld des Justizgebäudes hat sich erheblich verändert. Das historische Wohnhaus des Gefängnispersonals musste dem 1988 eröffneten Amtsgerichtsgebäude weichen. Dieses fügt sich durch die Anordnung der Baukörper und die Dachausbildung schlüssig in die Anlage des Justizkomplexes ein.

Südlich des Wasser- und Schifffahrtsamtes, parallel zur Ladehofstraße, wurde Mitte der 1980er Jahre das Wohn- und Geschäftshaus Kumpfmühler Straße 8/8a errichtet. Auf dem Grundstück der Mittelbayerischen Druckerei- und Verlagsgesellschaft entstand zwischen Margareten- und Bahnhofstraße bis 1991 eine kompakte Bautengruppe, die ihre aktuelle Eingangsgestaltung einem im Januar 2006 abgeschlossenen Umbau verdankt.

Die Brache südlich der Bahnhofstraße sowie das Gelände der Spedition Schenker südlich der Ladehofstraße sind Gegenstand einer städtebaulichen Rahmenplanung. Diese erstreckt sich bis zur Dechbettener Brücke und hat vor allem die Konversion von ehemaligen Bahnflächen zu attraktiven innenstadtnahen Wohn- und Gewerbegebieten zum Inhalt.

2007

THURMAYERSTRASSE

Westlich der Hoppestraße und nördlich des Gleiskörpers haben sich Ende des 19. Jahrhunderts eine Reihe von Speditionen angesiedelt, für die der Bahnanschluss lebensnotwendig war. Vor allem Brennstoffe, wie Kohle und Koks von der Ruhr und aus dem Saarland, für die Regensburger Haushalte und Gewerbebetriebe kamen per Bahn. Stückgut und andere Handelswaren wurden in den gleisseitigen Schuppen zwischengelagert. Das Luftbild von 1958 zeigt den in Eisenbahnkreisen so bezeichneten „Nordbahnhof" sowie die mittelständischen Speditionsbetriebe mit ihren Lagerkapazitäten. Die verkehrswirtschaftliche Bedeutung dieses Areals lag auf der Hand: Mitte der 1950er Jahre wurden noch 55 Prozent der Mengen im Güterfernverkehr von der Bahn transportiert und nur 17 Prozent von Lastkraftwagen.

1958

Wo einst Kohle in Säcke gefüllt wurde, stehen heute schicke Reihenhäuser und moderne stattliche Wohn- und Bürogebäude. Von einem Gebäuderiegel mit Büronutzung an der Ladehofstraße werden sie vor dem Bahnlärm abgeschirmt. Die Speditionsbetriebe sind abgezogen, denn diese brauchen heute einen optimalen Anschluss an die Autobahn und an das überregionale Straßennetz, da über 70 Prozent der Güter per Lastkraftwagen transportiert werden.

Vom ehemaligen Güter- und Rangierbahnhof sind nur mehr die alten Gleistrassen zu sehen. Einsam und verlassen stehen noch zwei ehemalige Büro- und Sozialgebäude für die „Bahnarbeiter" inmitten der großteils rückgebauten Gleisanlagen, zwischen denen sich schon einzelne Biotope entwickelt haben. Der „Container-Bahnhof" wurde 2003 in das Güterverkehrszentrum im Stadtosten verlagert und die „Rollende Landstraße" hat im Hafen eine neue Heimat gefunden. Für die Stadtentwicklung gibt es neue Potenziale für eine so genannte Innenentwicklung. Hier wird ein neuer Stadtteil entstehen mit Wohnungen, Arbeitsplätzen, Grünflächen und Infrastruktureinrichtungen.

2007

N

GEWERBEGEBIET ZWISCHEN LIS-KIRCHER- UND THURMAYERSTRASSE

Im 20. Jahrhundert nahm die Bahn eine besondere Rolle beim Güter-transport ein. Das Luftbild aus dem Jahr 1958 zeigt das Betriebsgelände der Firma Pfannenstiel, welche vor allem mit Brennstoffen handelte. In den 1950er Jahren beheizten die Regensburger ihre Wohnungen noch überwiegend mit Kohleöfen. Das „moderne" Heizöl war erst auf dem Vormarsch. Andere Alternativen, wie Erdgas, Solar- bzw. Windkraft, waren so gut wie unbekannt.

Am oberen Bildrand sind die Produk-tionsanlagen der Brauerei Bischofs-hof zu sehen, die an dieser Stelle im Jahr 1903 entstand.

1958

Zwischen der Dechbettener Straße, der Liskircherstraße und den Bahnanlagen ist die Hektik früherer Jahrzehnte einer gewissen Beschaulichkeit gewichen. Die meisten Schuppen und Lagerhäuser wurden bereits beseitigt. Zwischen der Dechbettener Straße und den früheren Gleissträngen der Bahn bieten sich nun ebenfalls neue Entwicklungs- und Umstrukturierungschancen. Vergleichbar gut überstanden hat die Brauerei Bischofshof die letzten 50 Jahre. Sie konnte sichtbar expandieren. Lediglich die in den Kriegsjahren aufgebrachte Tarnung des Fabrikschlots weist noch auf ernstere Zeiten hin.

Die größte stadtplanerische Herausforderung liegt nun darin, das verträgliche Nebeneinander von Wohnen und Arbeiten unter einen Hut zu bringen. Dabei wird sich der Bereich um die Von-Brettreich-Straße in der Bildmitte relativ bald mehr in Richtung Wohnen entwickeln und der städtische Bauhof wird auf längere Sicht verlagert werden müssen.

2007

JAHNSTADION AN DER PRÜFENINGER STRASSE

Es ist schon eine sporthistorische Besonderheit, wenn eine erste Mannschaft eines Fußballvereins seit über 80 Jahren ihre Ligaspiele in ein- und demselben Stadion austrägt. 1907 gilt als Gründungsjahr für die Jahnfußballer, als im Turnerbund Jahn Regensburg eine „Fußballriege" ins Leben gerufen wurde. 1926 konnte der Verein den Platz an der Prüfeninger Straße einweihen, auf dem fünf Jahre später ein moderner Tribünenbau mit Gaststätte seiner Bestimmung übergeben wurde. Eine wesentliche Erweiterung erfuhr das Stadion 1949, vor allem im Bereich der Stehränge. Über 30 000 Zuschauer konnten nun die Spiele des SSV Jahn Regensburg verfolgen. Den sportlichen Höhen und Tiefen folgten auch wirtschaftliche Krisen. 1975 war der hochverschuldete Verein gezwungen, das Stadion an die Stadt zu veräußern. Bereits einige Jahre zuvor war aus den gleichen Gründen der auf dem Bild erkennbare, östlich der Gegengerade gelegene Nebenplatz an einen Bauträger verkauft worden.

1958

Nahezu unverändert präsentiert sich das Stadion rund 50 Jahre später. Lediglich 2003 mussten für den Aufstieg in die zweite Liga südlich der Tribüne in Containern neue Funktionsräume geschaffen werden. Die Sportstätte ist in die Jahre gekommen. Sie ist in der modernen Erlebnis- und Showwelt des Fußballs ein Anachronismus. Neubaupläne für ein Stadion an anderer Stelle liegen in der Schublade.

Drastisch verändert hat sich dagegen das Gebiet nördlich der Prüfeninger Straße, das inzwischen einen Wohnungsschwerpunkt der Stadt Regensburg bildet. Am rechten Bildrand entsteht gerade die Dreifachturnhalle des Goethe-Gymnasiums.

2007

STADTPARK

Diese Aufnahme aus dem Jahr 1936 zeigt den Blick über die Prebrunnallee nach Westen. In der Bildmitte sind die Gebäude und Freiflächen der Oberpfälzischen Kreisausstellung zu sehen, die 1910 anlässlich der 100-jährigen Zugehörigkeit Regensburgs zum Königreich Bayern stattgefunden hatte. Dominiert wird das Gelände vom Aussichtsturm und der Haupthalle, in den 1930er Jahren auch Stadthalle genannt. Im rechten Winkel dazu steht die von einer Kuppel überragte, durch Umbau der ehemaligen städtischen Turnhalle entstandene Ausstellungshalle für sakrale Kunst. Dieser vorgelagert ist an der Schützenstraße bzw. der heutigen Dr.-Johann-Maier-Straße das einstige Schießhaus der Pürschbüchsengesellschaft zu erkennen.

Der südlich an das ehemalige Ausstellungsgelände angrenzende, 1898 aufgelassene evangelische Lazarusfriedhof wurde im Jahr der Aufnahme von der Stadt Regensburg erworben. Er sollte in den neuen Stadtpark eingegliedert werden. Mit dessen Anlage wurde nach dem Ende der Kreisausstellung begonnen.

1936

Nur mühsam lässt sich noch der Bereich der Oberpfälzischen Kreisausstellung ausmachen. Die große Halle und der Aussichtsturm, wertvolle Zeugnisse des Regensburger Jugendstils, sind im Bombenhagel des Zweiten Weltkriegs untergegangen. Das Ausstellungsgebäude für sakrale Kunst, seit den 1950er Jahren Heimstätte für Kunst aus den ehemals deutschen Gebieten Mittel- und Osteuropas, ist durch Anbauten in den Jahren 1970 und 1981 zu einem modernen Museum geworden, dem Kunstforum Ostdeutsche Galerie. Der ursprünglich dem Park zugewandte Portikus wurde 1970 auf die Ostseite versetzt. Seit 2006 fällt er durch die rote Ummantelung der Pfeiler, eine Installation von Magdalena Jetelová, besonders ins Auge.

Am linken Bildrand spitzt die Gaststätte „Unter den Linden" aus den Bäumen hervor. Dieses ehemalige Musketenschießhaus wurde 1783 zur Gaststätte umgebaut. Sie trägt seit 1860 ihren Namen, der darauf hinweist, dass die ehemaligen Steinbrüche für die Stadtmauer nach ihrer Auflassung mit dieser Baumart bepflanzt worden waren.

2007

GOETHE-GYMNASIUM (EHEMALIGE OBERREALSCHULE) UND ST. FIDELIS

Mit der „Oberrealschule" erhielt das Königreich Bayern 1907 einen neuen Schulzweig mit mathematisch-naturwissenschaftlichem Schwerpunkt. Durch diese Ergänzung der bis dahin humanistisch-altphilologisch ausgerichteten höheren Schulbildung sollte vor allem der Nachwuchs für die Ende des 19. Jahrhunderts gegründeten Technischen Hochschulen herangebildet werden. Die Regensburger „K. Kreis-Oberrealschule" war zunächst im Thon-Dittmer-Palais am Haidplatz untergebracht. 1913 wurde unter Leitung des Bauamtsassessors Strasser weit vor den Toren der Stadt an der Prüfeninger Straße ein Schulkomplex nach neuesten schulpädagogischen Erkenntnissen errichtet. So gab es nun, entsprechend dem lateinischen Motto „mens sana in corpore sano", außer den für die naturwissenschaftlichen Fächer erforderlichen Unterrichtssälen auch zwei große Turnsäle und großzügige Freisportflächen.

Nördlich der höheren Lehranstalt entstand 1920/21 nach den Plänen von Heinrich Hauberrisser an der Uhlandstraße das Kapuzinerkloster St. Fidelis mit angegliedertem Knabenseminar. Die schlossartige neubarocke Anlage korrespondiert mit dem wuchtigen Schulbau des Gymnasiums und bildet bis heute ein markantes Ensemble der Bildung und Erziehung junger Menschen. 1972 wurde das Studienseminar geschlossen, 1991 verließen die Kapuziner das Kloster.

1958

Der Wohnungsbau der 1950er und frühen 1960er Jahre hat den Inneren Westen der Stadt erreicht. An der Lessing- und Uhlandstraße entstanden zeitgenössische Wohnblocks. Beherrscht wird die Szenerie aber weiter vom mächtigen Schulbau mit seinem charakteristischen Uhrturm. Das Bildungsangebot der Schule wird nach wie vor gerne angenommen. Die Schülerzahlen steigen. So entstand von 2006 bis 2009 an der Uhlandstraße auf der ehemals städtischen Tennisanlage ein flacher imposanter Neubau, der neben einer Dreifachturnhalle auch eine Aula und Unterrichtsräume beherbergt. Wie ein schützender Riegel schirmt der monolithische Bau aus Sichtbeton das Innenleben der Schule ab. Als Hommage an den Namensgeber zieren speziell angeordnete Hohlformen in Gestalt von Gingkoblättern die Wände.

2008

MARGARETENAU

Auf Initiative des Oberlehrers Georg
Herbst wurde am 14. Juni 1918 die
„Gemeinnützige Baugenossenschaft
für Kleinsiedlung und Kriegerheim-
stätten eGmbH", heute Baugenossenschaft Margaretenau eG, gegründet.
Ziel des Bauvereins war die Errichtung einer Gartenstadt im Westen
Regensburgs auf Flächen, die das
fürstliche Haus Thurn und Taxis, die
Stiftung St. Paul und die Evangelische Wohltätigkeitsstiftung teils
in Erbpacht zur Verfügung stellten
oder direkt an die Genossenschaft
veräußerten. Die Genossenschafts-
mitglieder repräsentierten bereits
in der Gründungsphase keineswegs
ausschließlich die Arbeiterschaft.
Vielmehr schlossen sich frühzeitig
Beamte, Selbstständige und Freibe-
rufler dem Bauverein an.

Ab 1920 setzte die Bautätigkeit nach
einem städtebaulichen Entwurf des
Architekten C. Winkler ein. Der Kern
der Siedlung südlich der Prüfeninger
Straße entstand noch in den 1920er
Jahren. Die Häuser im Bereich der
Lindenstraße wurden in den 1930er
Jahren erbaut. Nach dem Zweiten
Weltkrieg errichtete die Genossen-
schaft Wohnblocks an der Georg-
Herbst-Straße.

Das Luftbild von 1957 zeigt die Margaretenau zwischen der Prüfeninger
Straße und dem Lindenplatz. Zwei
Sportanlagen begrenzen die Siedlung. Im Osten ist es das Jahnstadion
und im Westen liegen die Sportplätze des Postsportvereins Regensburg.

1957

Zusammen mit Objekten in Königswiesen, Kumpfmühl und Donaustauf
werden von der Baugenossenschaft eG
557 Wohnungen in 117 Häusern betreut und verwaltet. Zwischenzeitlich
befindet sich auch der gesamte Grund
und Boden in ihrem Eigentum.

Während sich die Gartenstadt selbst
äußerlich kaum verändert hat, bildet
die Prüfeninger Straße nördlich an-
grenzend heute die Hauptschlagader
im Stadtwesten. Von ihr besteht
auch eine Auffahrtsmöglichkeit zur
Autobahn A 93, deren Anlage auf
Kosten der vormaligen Sportflächen
am westlichen Rand erfolgte.

Die Margaretenau der 1920er Jahre
kam im Jahr 2010 wieder zu Ehren.
Aus Anlass der 1920er-Jahre-Ausstel-
lung des Kunst- und Gewerbevereins
bauten Architekturstudenten der
Fachhochschule Regensburg die Siedlung originalgetreu aus Pappe nach.

N

KRANKENHAUS DER BARMHERZIGEN BRÜDER

Der Orden der Barmherzigen Brüder errichtete 1927 an der Prüfeninger Straße ein Krankenhaus für Männer auf eigene Rechnung. Die Stadt Regensburg hatte starkes Interesse an der Gesundheitsvorsorge für ihre Bürger. Nachdem sie selbst finanziell nicht in der Lage war, ein kommunales Krankenhaus zu errichten, stellte sie den Grund und Boden unentgeltlich zur Verfügung. 1929 fand schließlich die feierliche Einweihung des Spitals statt.

Bereits ein Jahr zuvor hatte sich der Orden entschlossen, auch ein Frauenkrankenhaus zu bauen, für dessen Betreuung der Orden der Barmherzigen Schwestern gewonnen wurde. Der Münchner Architekt Alfred Boßlet konzipierte die Gesamtanlage in Anlehnung an den modern-sachlichen Stil des Dessauer Bauhauses. Mit 450 Betten in beiden Häusern war das Krankenhaus lange Zeit eines der größten in Ostbayern. Den Orden kostete das Projekt damals 8,3 Millionen Reichsmark, die Stadt Regensburg hatte einen Anteil von 214 000 Reichsmark zu tragen. Das Bild aus dem Jahr 1957 zeigt noch die bauzeitliche Konzeption aus den 1920er Jahren.

1957

Fünf Jahrzehnte später ist das einst weitläufige Gelände nahezu vollständig bebaut. Mitte der 1970er Jahre begann eine tiefgreifende Modernisierung sowie die kontinuierliche Erweiterung und Spezialisierung des Krankenhauses. 1995 wurde das Zentralgebäude, das beide Bettenhäuser verbindet, in Betrieb genommen.

Ein weiteres Bettenhaus folgte im Jahr 2000. Trotz der weitergehenden Neuorganisation und ungeachtet der zunehmenden medizinischen Spezialisierung — etwa durch die Gründung der Abteilung für geriatrische Rehabilitation — steht nach wie vor die Pflege Kranker und Bedürftiger im Sinne des Ordensgründers Johannes von Gott im Vordergrund. Das Entrée zum Krankenhaus bildet heute der Kuglerplatz auf dem Autobahndeckel, benannt nach dem 1946 verstorbenen und 2009 selig gesprochenen Frater Eustachius Kugler, dem Initiator dieser Einrichtung.

2007

KAUFMÄNNISCHE
MÄDCHEN-BERUFSSCHULE

Zwischen dem Krankenhaus der Barmherzigen Brüder und dem ehemaligen fürstlichen Rennplatz entstand nördlich der Prüfeninger Straße auf einer rund 100 Hektar großen Fläche ab 1936 ein Zweigwerk der Bayerischen Flugzeugwerke AG (BFW), deren Firmenbezeichnung 1940 in Messerschmitt GmbH Regensburg geändert wurde. Im März 1937 begann der Bau des Verwaltungsgebäudes, welches parallel zur Prüfeninger Straße situiert wurde und nach Süden ein parkähnliches Vorfeld erhielt. Ende 1937 war das Gebäude fertiggestellt und seiner Bestimmung übergeben. Die von den Alliierten geflogenen Luftangriffe auf das Messerschmittwerk zerstörten teilweise auch das Bürogebäude. Nach 1945 erwarb die Stadt Regensburg den Verwaltungsbau und richtete darin zunächst die Volksschule West ein. Später folgte die Schule für kaufmännische Berufe für Mädchen. Das Luftbild aus dem Jahr 1958 zeigt das für Schulzwecke adaptierte ehemalige Verwaltungsgebäude des Flugzeugwerks sowie im Umfeld nach Westen bzw. Norden Hallen der früheren Flugzeugproduktion, in denen sich bereits Nachfolgebetriebe etabliert haben.

1958

Nach 50 Jahren ist im Westen der Stadt weder vom fürstlichen Rennplatz noch vom ehemaligen Flugzeugwerk etwas zu erkennen. Eine neue Wohnbebauung hat sich Anfang der 1990er Jahre auf dem Rennplatz entwickelt. Aber auch auf dem früheren Werksgelände an der Lilienthalstraße präsentieren sich heute neue Anlieger, wie das Funkhaus Regensburg, eine Filiale der Deutschen Bundesbank oder die Sparkasse Regensburg. Lediglich das Straßen- und Wegenetz sowie das ehemalige Verwaltungsgebäude des Flugzeugwerks geben noch Hinweise auf die Existenz eines großen Rüstungsbetriebs.

Die Mädchen-Berufsschule heißt inzwischen Berufliches Schulzentrum Matthäus Runtinger und beherbergt sowohl die Berufsschule für kaufmännische Berufe und Gesundheitsberufe als auch die Berufsfach- und -oberschule Wirtschaft – natürlich nicht nur für Mädchen.

Während sich die Lilienthalstraße einen Namen als renommierte Büromeile gemacht hat, gehören die westlich anschließenden Wohngebiete zu den bevorzugten Wohnadressen der Domstadt.

FÜRSTLICHER RENNPLATZ
UND ALFONS-BAYERER-STRASSE

Im Jahre 1901 legte der Regensburger Rennverein in Prüfening, vorwiegend auf Grundstücken des Hauses Thurn und Taxis, einen Rennplatz an. Fürst Albert, der auch Protektor des Rennvereins war, übernahm die Bürgschaft für eine größere Darlehensschuld, welche der Verein für den Ausbau der Anlagen auf sich genommen hatte. Als der Verein 1907 in wirtschaftliche Schwierigkeiten geriet, erwarb das fürstliche Haus den Rennplatz und stattete diesen mit Zuschauertribünen, Stallungen und einem Verwaltungsgebäude aus. Die Reitveranstaltungen in Prüfening waren für die Regensburger Gesellschaft stets große Ereignisse. Nach dem Tod von Fürstin Margarete im Jahre 1955 ging das Interesse des fürstlichen Hauses am Reitsport und an einem eigenen Marstall deutlich zurück. Auf dem Rennplatz fanden nun auch Motorradrennen statt, bis Anfang der 1970er Jahre der Rennverein Regensburg, der das Areal betreute, in den Landkreis übersiedelte.

Ab Mitte der 1960er Jahre hatte die Stadtbau GmbH nordwestlich des Rennplatzes an der Alfons-Bayerer-Straße eine Siedlung mit Wohnblöcken errichtet. Das Haus Alfons-Bayerer-Straße 2 symbolisiert ein weithin sichtbares architektonisches Zeichen im Donaubogen.

1968

Nach langjährigen Bemühungen
konnte die Stadt Regensburg den
Rennplatz im Einvernehmen mit dem
fürstlichen Haus überplanen. 1983
wurde ein städtebaulicher Ideen-
wettbewerb durchgeführt und 1988
ein Bebauungsplan vorgelegt, nach
dessen Vorgaben ab 1989 gebaut
wurde. Dabei gab es sehr detaillierte
gestalterische Festsetzungen, und ein
Beratergremium sorgte dafür, dass
die städtebauliche Qualität dieses
Viertels auch im Detail auf einem hohen einheitlichen Standard gehalten
wurde. Inzwischen ist der ehemalige
Rennplatz vollständig bebaut. Die
straffe Ordnung der Baukörper und
das Begleitgrün der Straßen lassen
noch einstige Konturen des Rennplatzes erahnen.

Nördlich davon haben sich die Firmen
Siemens bzw. Infineon und Osram
mit weitläufigen Produktionsstätten
etabliert. Für die industrielle Entwicklung und Erweiterung wurden Jahrzehnte lang Reserveflächen vorge-
halten. Nach einem Verkauf der
Grundstücke an ein Wohnungsbauunternehmen wurde jedoch 2010
eine Weichenstellung zugunsten
einer Wohnentwicklung auf etwa
der Hälfte dieses brach liegenden
Gebiets vorgenommen.

2007

GROSSPRÜFENING

Regensburgs Westen war in den 1950er und 1960er Jahren ein Schwerpunkt im Wohnungsbau. Dies entsprach im Wesentlichen der Stadtentwicklungspolitik nach 1945, wonach im Stadtwesten gewohnt werden sollte. Ansiedlungen für Industrie und Gewerbe waren im Osten der Stadt vorgesehen. Letztendlich konnten die stadtstrukturellen Zielsetzungen jedoch nicht eins zu eins umgesetzt werden. Industriesiedlungen ließen sich auch im Stadtwesten nicht vermeiden. Auf dem Foto von 1957 geht der Blick von Großprüfening nach Norden zum Donaubogen, wo sich im Bereich des heutigen Roten-Brach-Wegs schon einige Regensburger den Traum vom Eigenheim erfüllt haben.

Am oberen Bildrand ist die Siedlung Westheim zu erkennen, die ab 1933 errichtet wurde und ganz im Sinn der nationalsozialistischen Antwort auf Wohnungsnot und Arbeitslosigkeit ausschließlich der Arbeitsbeschaffung und Unterbringung von Erwerbslosen diente.

1957

Fünf Jahrzehnte später ist die Stadtlandschaft nicht mehr wiederzuerkennen. Nördlich der Bahnlinie Regens-
burg-Nürnberg entstand ein eigener
Stadtteil, der eine enorme Siedlungs-
entwicklung hinter sich hat und mit
dem Baugebiet an den Klostergründen am linken Bildrand nun einen
Abschluss zur Donau hin findet. Der
in den Jahren 1971 bis 1978 durchgeführte Ausbau der Donau hat eine
völlig neue Flusslandschaft geschaffen. Die insbesondere in den 1980er
Jahren forcierte Grünplanung führt
nun auch zu einem neuen Land-
schaftsbild. Privates und öffentli-
ches Grün, Wegebeziehungen für
Fußgänger und Radfahrer geben der
Landschaft ein neues Gepräge und
eine besondere Qualität.

2007

AN DEN KLOSTERGRÜNDEN, GROSSPRÜFENING

Die Eisenbahntrassen Regensburg – Nürnberg und Regensburg – Ingolstadt schränkten mit ihren hohen Dämmen die städtebauliche Entwicklung von Großprüfening schon seit Ende des 19. Jahrhunderts ein. Bauland bot sich aufgrund der topografischen Gegebenheiten nur nördlich der Bahntrassen und westlich des Rennplatzes an. In den 1950er Jahren – die Gemarkung Großprüfening war mittlerweile Regensburg einverleibt worden – setzte eine stärkere Siedlungstätigkeit ein. Wie auf dem Luftbild von 1957 erkennbar, entstehen zwischen der Ligastraße und dem Roten-Brach-Weg neue Wohnhäuser. Nordwestlich der Wohngebiete wird mit der Kiesentnahme am Baggersee begonnen. Gut erkennbar ist ferner noch das Flugfeld mit dem Hangar der ehemaligen Messerschmitt-Flugzeugwerke, welche nördlich des fürstlichen Rennplatzes anschließen.

1957

2007 hat die Stadt fast den gesamten Donaubogen erobert. Der Rennplatz ist ein Wohnquartier, auf dem ehemaligen Flugfeld hat sich Siemens bzw. Infineon etabliert. Eigenheime und Geschossbauten der 1950er und 1960er Jahre prägen das Bild nördlich des Rennwegs.

In Bauvorbereitung befindet sich nun das neue Quartier „An den Klostergründen". An diesem Standort gegenüber der Naabmündung sind Siedlungsspuren seit der Altsteinzeit nachweisbar. Auch die Römer haben hier ein Kleinkastell errichtet, um das sich eine ausgedehnte Zivilsiedlung entwickelt hatte, die direkt an das Baugebiet angrenzt. Bei den archäologischen Grabungen von 2003 bis 2005 wurden sowohl Funde aus der Eisenzeit als auch des frühen und späten Mittelalters zu Tage gefördert. Sie geben Zeugnis von den gewaltigen Umwälzungen, die auch in Regensburg an der Schwelle von der Antike zum Mittelalter stattfanden.

Die ehemalige Bundesbahnschule, jetzt DB-Trainingszentrum, in der Bildmitte bietet auf dem Freigelände spezielle Kurse für Gruppen an, die neue Lösungswege und Maßnahmen zur Bewältigung betrieblicher und persönlicher Probleme im Berufsalltag suchen.

2007

**BAGGERSEE,
NÄHE MESSERSCHMITTSTRASSE**

1952, fünf Jahre vor Entstehung der Aufnahme, erwarb die Stadt von der Messerschmitt GmbH den nördlichen Teil des einstigen Flugfeldes für die Kiesgewinnung. Die rege Bautätigkeit im Wohnungs- und Straßenbau in den 1950er Jahren ließ die Nachfrage nach diesem elementaren Grundstoff der Bauindustrie stark ansteigen. Mit Schwimmbaggern wurde der Kies gefördert und noch vor Ort für die Baustellen aufbereitet.

Nördlich der Donau ist der Ortsteil Oberwinzer erkennbar. Hohe Straßenbäume markieren die Trasse der alten Bundesstraße B 8, die mitten durch den Ort führt.

1957

Im Jahr 2007 präsentiert sich die Donaulandschaft in einem neuen Gewand. Am nördlichsten Punkt des Donaulaufs erstreckt sich auf 2,5 Kilometer Länge eine 60 Hektar große Parklandschaft, mit deren Ausgestaltung 1964 begonnen wurde. Der Baggersee ist zum Grundwassersee geworden. Durch den von 1971 bis 1978 durchgeführten Staustufenbau liegt der Wasserspiegel des Sees heute unter jenem der Donau. Zufließendes Wasser muss daher permanent abgepumpt werden, so dass das Wasser im Sommer keine Badetemperaturen erreicht und im Winter kaum zufriert. Auch die Uferlandschaft hat sich auf beiden Seiten der Donau stark verändert. Rad- und Spazierwege machen den Fluss heute erlebbar.

In Oberwinzer ist ebenfalls ein Wandel eingetreten: Intensiver Gartenbau versorgt die Regensburger mit frischen Feldfrüchten und Gemüse. Die Bundesstraße B 8 wurde aus dem Ortsteil heraus verlagert und läuft nun parallel zur Donau.

2007

LILIENTHALSTRASSE, FAHRZEUG- UND MASCHINENBAU GMBH

In einer ehemaligen Werkhalle des Messerschmitt-Flugzeugwerks begann im Jahre 1953 die Regensburger Stahl- und Metallbau GmbH die Serienproduktion des legendären Kabinenrollers KR 175. Das von dem Konstrukteur Fritz M. Fendt entwickelte Rollermobil verfügte über drei Räder und zwei hintereinander angeordnete Sitze. Dadurch entstand ein ungewöhnlich schmaler, aerodynamisch günstiger Fahrzeugkörper. Das Regensburger Werk konnte täglich bis zu 80 Fahrzeuge produzieren. 1957 wurde die Fahrzeug- und Maschinenbau Regensburg GmbH gegründet, die mit den Gesellschaftern des Unternehmens Fendt und Knott den Kabinenroller weiter produzierte. Das Luftbild aus dem Jahre 1961 dokumentiert den Betrieb bereits am Ende der Produktionsphase, die drei Jahre später erreicht wurde.

Auf dem oberen Bildrand sind die ersten Gebäude der Bauelementefertigung von Siemens & Halske zu sehen. 1959 erwarb der Konzern Teile des früheren Flugfeldes der Messerschmitt GmbH und begann mit der Errichtung von Produktionsanlagen. Das Richtfest für den Rohbau wurde am 21. Oktober 1960 gefeiert, im Herbst 1961 lief bereits die Produktion. Es entstanden vor allem Arbeitsplätze für Frauen, die Widerstände, Kondensatoren und Bauelemente für den Störschutz fertigten.

1961

Gut 45 Jahre später sind von den früheren Produktionshallen des Flugzeugwerkes keine baulichen Zeugen mehr erkennbar. Wo einst der Kabinenroller produziert wurde, verwaltet die Sparkasse Regensburg Einlagen und Vermögen von Bürgern der Region. Der Bau entstand im Jahre 1994/95. Südlich davon hat sich die Deutsche Bundesbank, Filiale Regensburg, etabliert. Nördlich davon entsteht ab 2010 ein mit einem Gütesiegel für nachhaltiges Bauen ausgezeichnetes Bürogebäude der E.ON Bayern AG. Ab Ende 2011 werden hier rund 1 000 Mitarbeiter aus allen Regensburger Zweigstellen zusammengezogen und an einem Standort konzentriert.

Eine gewaltige Ausdehnung hat insbesondere Ende der 1990er Jahre der Siemens-Standort erfahren. Die Ansiedlung eines Spezialwerks zur Herstellung von Mikrochips und der Osram Opto Semiconductors GmbH im Jahre 2001 gaben dem Industriestandort Regensburg einen gewaltigen Schub.

2007

TEPPICHWERK REGENSBURG, AM HOCHWEG

Ab 1952 siedelte sich auf einem Gelände im Stadtwesten, südlich des
Hochwegs, ein Teppichwerk an, welches 1956 von der Schaefflergruppe
übernommen wurde. Der Betrieb er-
zeugte hochwertige Teppichböden
für Büros und Kaufhäuser sowie Tex-
tilien für die Automobilindustrie. Auf
dem rund 4,5 Hektar großen Werks-
areal wurde bis 1997 produziert, als
der Strukturwandel in der Textil-
industrie die Schließung erzwang.

1968

Ein Regensburger Bauträgerunter-
nehmen hat Ende der 1990er Jahre
das Areal mit den Gebäuden der ehemaligen Teppichfabrik übernommen.
Zusammen mit der Stadtverwaltung
wurde die „Wohnoase am Hochweg"
mit 550 Wohneinheiten entwickelt.
Dem Vorhaben vorausgegangen war
eine eingehende Sanierung der auf
dem Grundstück vorhandenen Altlasten. Auf dem Luftbild aus dem
Jahr 2007 befindet sich das neue
Wohnquartier baulich bereits in der
Fertigstellungsphase. Damit werden
schrittweise auch die bereits nach
dem Ende des Zweiten Weltkriegs
formulierten Stadtentwicklungsziele
umgesetzt, die den Stadtwesten ausschließlich als Wohnstandort gesehen
hatten. Die Stadtvillen, die auf so wohl-
klingende Namen wie „Fiori", „Amalfi"
oder „Portofino" getauft und in großzügige Grün- und Wasserflächen ein-
gebunden sind, sollen ein Stück süd-
ländische Lebensart vermitteln.

2007

HOCHWEG,
KLEIDERFABRIK WILLI SCHILDT

Ende der 1930er Jahre gründete Willi Schildt zusammen mit Georg Rieger in der Glockengasse ein Fachgeschäft für Herren- und Knabenbekleidung. Nach 1945 wurde die Bekleidung selbst hergestellt und 1953 eine neue Fabrik am Hochweg errichtet. In verschiedenen Bauabschnitten erfuhren die Produktionsanlagen in den 1960er Jahren umfangreiche Erweiterungen. In der Altstadt unterhielt die Firma mehrere Läden. 1958, zum Zeitpunkt der Aufnahme, befand sich die Fabrik noch in Alleinlage inmitten von Feldern. Am rechten Bildrand sind die Einfamilien- und Reihenhäuser an der Josef-Adler-Straße bzw. Engelhartstraße erkennbar. Im oberen Bilddrittel ist eine dichte Reihe von hohen Bäumen zu sehen. Hinter ihnen verbirgt sich das städtische Strandbad Schillerwiese.

1958

Die in der zweiten Hälfte des 20. Jahrhunderts in Regensburg stark expandierende Textil- und Bekleidungsindustrie geriet zum Ende des Jahrhunderts in eine strukturelle Krise. 1999 wurde das Fabrikgelände an eine Regensburger Bauträgergesellschaft veräußert. Wo früher flinke Frauenhände Sakkos und Hosen nähten, wird heute gewohnt. Auf rund 1,5 Hektar Fläche entstanden in den Jahren 2006 und 2007 die so genannten Hochwegterrassen, eine Anlage mit rund 190 Wohneinheiten.

Eine spürbare Trennung der Stadtquartiere im Westen Regensburgs ergibt sich durch die Lage der ungefähr fünf Kilometer langen Westumgehung. Ursprünglich als Bundesstraße B 16 (neu) geplant, sollte sie den Nord-Süd-Transit-Verkehr an Regensburg vorbei führen. 1960 fiel die Grundsatzentscheidung zugunsten der Trasse, die heute den Stadtwesten teilt. Ende 1966 wurde bereits eine Fahrbahn der 550 Meter langen Pfaffensteiner Brücke dem Verkehr übergeben, 1971 der Abschnitt von der Prüfeninger Straße zum Regensburger Kreuz. Heute ist die „Westumgehung" Teil der Autobahn A 93 Regensburg – Weiden.

2007

STUDIENSEMINAR ST. EMMERAM

Die Stiftung Studienseminar Neuburg/Donau errichtete 1960 am Brunnweg im Westen der Stadt ein Schülerheim mit 130 Wohnplätzen. Die Pläne für das „Studienseminar St. Emmeram Regensburg" fertigte das Regensburger Architekturbüro Günthner. Um die Bebauung auf der freien Flur zu ermöglichen, wandte die Stadt ein Gesetz aus dem Jahre 1923 an, welches lediglich die Einleitung eines „Grundstücksneueinteilungsverfahrens" zur Genehmigungsvoraussetzung machte. Der Bau ging schnell voran, so dass zum 1. Januar 1961 bereits die ersten Zöglinge aufgenommen werden konnten. Im selben Jahr entstand das Foto.

1961

Vor allem in den 1970er Jahren schritt die städtebauliche Entwicklung zwischen der heutigen Clermont-Ferrand-Allee, der Boessnerstraße, dem Weinweg und der Westumgehung zügig voran. Im östlichen Umfeld des Schülerheims entstanden so das Seminar Westmünster und die Bischof-Manfred-Müller-Schule. Westlich davon errichtete die Alumneumsstiftung ein Studentenheim (Melanchthonheim) sowie die Caritas das Seniorenwohnstift Friedheim. Arrondiert wurden diese Wohnsonderformen durch Geschosswohnungsbau für Miet- und Eigentumswohnungen sowie Stadthäuser.

2007

KIESWERK AN DER WESTENDSTRASSE

Die Firma Gebrüder Almer eröffnete 1936 am rechten Donauufer unterhalb der Schillerwiese ein Kieswerk. Das 1878 in Stadtamhof gegründete Fuhrgeschäft spezialisierte sich während des Baubooms der Gründerzeit zunächst auf die Gewinnung von Sand aus dem Regenfluss. Später wurde mit großem Gerät Flusskies aus der Donau gebaggert, nicht zuletzt, um die Schifffahrtsrinne zu verbessern. In den 1950er Jahren ging die Flussbaggerei aus wasserbautechnischen Gründen immer mehr zurück.

Westlich des Kieswerks produzierte ein weiteres Unternehmen aus dem Donaukies unter Beimengung von Bitumen Asphalt. Aufgrund massiver Anwohnerbeschwerden schlossen beide Unternehmen ihre Betriebe Ende der 1960er Jahre. In der Bildmitte, nach Süden hin, richtet sich der Blick auf die in den 1950er Jahren errichteten Anlagen der städtischen Gärtnerei sowie auf die im Hintergrund befindliche Landwirtschaftsschule, die vom Landkreis betrieben wurde.

1958

Der Wohnungsbau prägt heute das Areal zwischen der Clermont-Ferrand-Allee und dem Donauufer. Dennoch ist das städtische Gartenamt an seinem Standort am Weinweg geblieben, sogar neue Bauten sind auf dem Gelände entstanden. In den Räumen der ehemaligen Landwirtschaftsschule sind inzwischen Klassen des Albertus-Magnus-Gymnasiums (im Bild oben rechts) untergebracht. Die beiden achtgeschossigen Punkthäuser an der Altdorferstraße, die mit viergeschossigen Wohnblöcken kombiniert sind, wurden in den Jahren 1960 bis 1962 errichtet.

Im Zuge des Donauausbaus und der Errichtung des Kraftwerks Regensburg wurde das Donauufer weiter nach Süden verschoben, um für die Bootsschleuse Platz zu gewinnen.

2007

ALTE MAUTH,
NÜRNBERGER STRASSE

Die Aufnahme hält den Zustand des nördlichen Donauufers zwischen den Ortsteilen Pfaffenstein und Niederwinzer im Jahre 1958 fest. Im Zentrum steht die Bautengruppe der „Alten Mauth". Sie erinnert daran, dass hier, an dem im späten 15. Jahrhundert angelegten Handelsweg nach Nürnberg, einst Wegezoll zu entrichten war. Als das Foto entstand, war das um 1800 erbaute Haupthaus bereits seit Generationen eine Gastwirtschaft. Das langgestreckte, 1832 errichtete Nebengebäude war notdürftig vermietet. Den westlichen Abschluss der Häusergruppe bildete ein altes Haus mit malerischem Schopfwalm. Es beherbergte damals eine Gärtnerei. Unter der spärlichen Vegetationsdecke des Hanges zeichnen sich noch die Terrassen ab, auf denen über Jahrhunderte hinweg Weinbau betrieben worden war.

1958

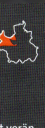

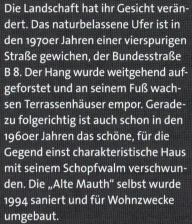

Die Landschaft hat ihr Gesicht verändert. Das naturbelassene Ufer ist in den 1970er Jahren einer vierspurigen Straße gewichen, der Bundesstraße B 8. Der Hang wurde weitgehend aufgeforstet und an seinem Fuß wachsen Terrassenhäuser empor. Geradezu folgerichtig ist auch schon in den 1960er Jahren das schöne, für die Gegend einst charakteristische Haus mit seinem Schopfwalm verschwunden. Die „Alte Mauth" selbst wurde 1994 saniert und für Wohnzwecke umgebaut.

2007

STEINWEG, KREUZUNG FRANKENSTRASSE/DREHERGASSE

Die bis 1924 selbstständige Gemeinde Steinweg profitierte jahrhundertelang von ihrer günstigen Lage an wichtigen Straßenverbindungen nach Norden und Westen. Durch Steinweg führten die Straßen nach Nürnberg und über die alte Regenbrücke hinauf in die Oberpfalz oder in den Vorwald. Gaststätten sowie ein wohl sortierter Einzelhandel machten Steinweg zu einer wichtigen Zwischenstation, insbesondere für die Landbevölkerung aus einem weiten Umfeld. Handel und Wandel brachten vielen Steinwegern Wohlstand, der vor allem in der Gründerzeit die Baulust förderte. Wie auf dem Bilddokument ersichtlich, entstanden parallel zur Schwandorfer Straße und zur Alten Nürnberger Straße stattliche Wohn- und Geschäftshäuser.

1958

Durch den Bau der neuen Regenbrücke im Jahr 1938 und die Trassierung
der damaligen Reichsstraße 8 bzw.
der heutigen Bundesstraße B 8 wurde
Steinweg geteilt. Heute trennt den
Vorort eine mehrspurige, leistungs-
fähige Magistrale in Ost-West-Rich-
tung. Die früher so wichtige Verbindung nach Norden ist nun ohne Bedeutung. Die einst dem Gartenbau
gewidmeten Flächen sind zwischenzeitlich vollständig bebaut. Mehr-
stöckige Gebäudezeilen schützen
die rückwärtigen Bereiche vor dem
Verkehrslärm.

2007

 N

DREIFALTIGKEITSKIRCHE
UND BERGFRIEDHOF

Als 1713 in Regensburg und seinen Nachbargemeinden die Pest wütete, gelobten die Bewohner von Stadtamhof und Steinweg den Bau der Dreifaltigkeitskirche. Zwei Jahre später wurde die Kirche geweiht. 1837 erfolgte ein Ausbau im „Rundbogenstil", 1933 eine Verlängerung nach Westen.

Das Bild aus dem Jahr 1968 zeigt die Kirche von Osten. Nördlich anschließend sind das Dach des Mesnerhauses und die alten Friedhöfe von Steinweg (errichtet 1798) und Stadtamhof (errichtet 1812, nach Westen erweitert 1818) zu erkennen. In der Bildmitte ist bereits die Flächengliederung des ab 1967 von der Stadt Regensburg angelegten, rund neun Hektar großen neuen Bergfriedhofs zu sehen.

1968

Der neue Bergfriedhof hat sich innerhalb von vier Jahrzehnten in eine lebendige Parklandschaft verwandelt. Die Stätten der letzten Ruhe und die Natur bilden eine Einheit. Im Gegensatz dazu stehen die alten Friedhöfe von Steinweg und Stadtamhof. Im Schatten der Dreifaltigkeitskirche gelegen, entsprechen sie dem bis ins späte 19. Jahrhundert üblichen Friedhofstypus.

Am linken Bildrand ist das städtische Krematorium zu erkennen. Mittlerweile machen Feuerbestattungen mehr als die Hälfte aller Bestattungen aus. Von den rund 3 500 Einäscherungen pro Jahr entfallen 80 Prozent auf Verstorbene, die nicht aus Regensburg stammen.

2007

ZIEGELEI AM GEIERSBERGWEG

Der Baumeister Simon Strobel betrieb Ende des 19. Jahrhunderts eine Ziegelei in Reinhausen. 1894 beantragte er eine Genehmigung zur Errichtung von Ziegelbrennöfen am anderen Regenufer in der Gemeinde Steinweg, im Bereich des heutigen Geiersbergwegs. 1895 begann die Produktion, die schrittweise ausgeweitet wurde. Die Firma Strobel stellte neben den herkömmlichen Gittersteinen und Vollziegeln auch so genannte Biberschwänze her, einen in der Region häufig verwendeten Dachziegel. Der Ton kam per Feldbahn aus der nahe gelegenen Grube. Mitte der 1970er Jahre kam es zur Schließung der Ziegelei.

1958

Ein Bauträger aus der Oberpfalz erwarb das Areal der früheren Ziegelei und realisierte zusammen mit dem Münchner Architekturbüro Fink und Jocher ein Wohnquartier mit 58 Wohnungen. Das im Rahmen des experimentellen und kostenbewussten Wohnungsbaus durchgeführte Projekt wurde 1998 fertiggestellt und erhielt in der Fachwelt große Anerkennung. In unmittelbarer Nachbarschaft zu einem Landschaftsschutzgebiet schmiegt sich eine gestaffelte dreigeschossige Bebauung an einen stark geneigten Hang. Die Erschließung erfolgt jeweils von Nordosten auf den unteren Ebenen, die mittleren Ebenen mit Wohnnutzung öffnen sich nach Süden. Dadurch erhalten alle Wohnungen einen gut besonnten Garten. Auf den begrünten Flachdächern befinden sich kleine Freisitze, die einen hervorragenden Ausblick in das nahe Regental bieten.

2007

N

REINHAUSEN UND HOLZGARTENSTRASSE

Die 1936 entstandene Aufnahme zeigt den Blick entlang dem Donau- bzw. Regenufer auf das im Hintergrund liegende Reinhausen. In der Bildmitte verläuft die nach Weichs führende Holzgartenstraße. Sie ist gesäumt von den Anwesen haupt- und nebenberuflicher Gärtner, die den Regensburger Markt nicht zuletzt mit dem vielgerühmten Weichser Radi versorgten.

Im Jahre 1924 wurden Reinhausen und Weichs gemeinsam mit Stadtamhof nach Regensburg eingemeindet. Zur Verbesserung der Verkehrswege zwischen den neuen Stadtteilen ließ die Stadt noch im selben Jahr im Bereich der heutigen Nibelungenbrücke eine Schiffsbrücke bauen, die Reinhausen und Weichs mit dem Unteren Wöhrd verband. Der unten links im Bild erkennbare Schiffssteg zwischen dem Gries und dem Reinhausener Holzgarten bestand schon seit 1909. Die in Privatbesitz befindliche Brückenkonstruktion wurde 1939 nach Fertigstellung der Neuen Regenbrücke abgebaut.

Nordöstlich der Reinhausener Pfarrkirche, am oberen Bildrand, sind die Ende der 1920er Jahre erbauten Mietshäuser der Arbersiedlung zu sehen.

1936

Um das alte Reinhausen hat eine intensive bauliche Verdichtung stattgefunden. Diese ist nach wie vor nicht zum Stillstand gekommen, wie die Erschließungsmaßnahmen für die Wohnanlage „An den Holzgärten" unten rechts andeuten. Nördlich der Holzgartenstraße ist mit der Frankenstraße und Frankenbrücke bereits 1938 eine neue, jedoch lange nahezu unbebaute Verkehrsachse entstanden. An ihr wurde 1954 ein Fernfahrerheim errichtet, das sich binnen weniger Jahre durch sukzessive Erweiterungen zum Avia-Hotel, einem der ersten modernen Hotels Regensburgs, entwickelte.

Im Areal zwischen Reinhausener Pfarrkirche und Arbersiedlung sind die Bauten der Maschinenfabrik Reinhausen entstanden. Die in der Energietechnik tätige Reinhausen-Gruppe besteht aus der in Regensburg ansässigen Maschinenfabrik Reinhausen (MR) sowie 23 Tochtergesellschaften weltweit. Die Aktivitäten der Gruppe werden von Regensburg aus gesteuert.

2007

HOLZHANDLUNG TREINDL
AN DER REGENMÜNDUNG

Reinhausen wird schon 1007 als Reginhusen erwähnt. An der Mündung des Regens in die Donau gelegen, dürfte die Flößerei hier eine ebenfalls rund 1 000-jährige Tradition und Bedeutung besitzen – wenngleich urkundlich das Flößen und Triften erst im 14. Jahrhundert erwähnt wird. Große Mengen von Brenn- und Bauholz kamen so auf dem Wasserweg aus dem Bayerischen Wald den Regen herab, wurden hier zwischengelagert und weiter verhandelt. Am Regenufer entstanden so genannte Holzhöfe bzw. Holzgärten, in denen das Holz sortiert und später auch zu Brettern oder Bauholz weiterverarbeitet wurde.

Auf dem Luftbild von 1958 ist der „Holzgarten" des Sägewerks Treindl zu sehen, zusammen mit den weitläufigen Lagerflächen direkt am Regenufer. Auch wenn das dort gelagerte Holz seit 1925 nicht mehr per Floß den Regen herabkam, sondern mit dem LKW antransportiert wurde, dokumentiert das Bild die seit dem 19. Jahrhundert bedeutungsvolle Weiterverarbeitung des Holzes in den Sägewerken.

Wie am oberen Bildrand erkennbar, hatten auch in Stadtamhof Holzhändler und Sägewerke ihr Auskommen. Im Bereich des Grieser Spitzes war bis in die 1960er Jahre hinein noch das Sägewerk Krön aktiv.

1958

Im Bereich der Regenmündung fanden in den letzten Jahrzehnten gravierende Veränderungen statt. Die Kanalisierung der Donau und der Bau der Schleuse in Stadtamhof erforderten die Ausbildung eines neuen Flussprofils. Die Regenmündung wurde weiter nach Norden verschoben, die früheren Holzgärten zurückgebaut. Die Firma Treindl ist aber immer noch im Holzgeschäft tätig. Auf dem Gelände der Firma Krön im Bereich des Grieser Spitzes entstanden hingegen Wohnhäuser.

Die obere Bildmitte wird dominiert von der Gerhardingerschule, die seit 1980 den Namen der Ordensgründerin der Armen Schulschwestern – einer gebürtigen Stadtamhoferin – trägt. Die Turnhalle ging 1981 in Betrieb und die Freisportflächen wurden 1984 fertiggestellt.

2007

REGENBRÜCKE, REINHAUSEN

Die „alte" Regenbrücke wurde 1194 erstmals urkundlich erwähnt. 1472 erhielt die zunächst hölzerne Konstruktion Pfeiler aus Stein. Die Brücke wurde mehrfach zerstört, so 1784 und 1809. Das Bilddokument aus dem Jahre 1958 zeigt den Steinweger und Reinhausener Brückenkopf am westlichen bzw. östlichen Regenufer. Fast schon pittoresk mutet die Uferszene am gegenüberliegenden Steinweg zwischen dem Biergarten des Auerbräu und der Bäckergasse an.

1958

1971 entstand die neue Regenbrücke zusammen mit einer vierspurigen Regenuferparallele am Steinweger Ufer, die nach Norden weitergeführt werden sollte. Der Brückenbau selbst erhielt gleich sechs Fahrspuren, um nach dem Willen der Planer den wachsenden Individualverkehr bewältigen zu können.

Trotz der überdimensionierten Breite der Brücke fand sich für die barocke Statue des heiligen Johannes von Nepomuk kein Platz. Der Brückenheilige zog sich ans Reinhausener Ufer zurück.

Hinter hohen Dämmen verstauten die Techniker auch den Regenfluss, der in vergangener Zeit immer wieder die Reinhausener und Steinweger mit seinen braunen Hochwasserfluten heimsuchte. Der Preis für diesen Schutz war hoch: Die Urbanität der früher selbstständigen und prosperierenden Gemeinden an der Mündung des Regen in die Donau ging unwiederbringlich verloren.

2007

PFARRKIRCHE ST. JOSEF, REINHAUSEN

Im Zentrum der 1958 entstandenen Aufnahme steht die von 1906 bis 1908 nach Plänen von Heinrich Hauberrisser errichtete Reinhausener Pfarrkirche St. Josef. Zusammen mit dem im Anschluss daran an der Wieshuberstraße erbauten Pfarrhof bildet sie ein reizvolles neubarockes Ensemble in einem architektonisch ansonsten sehr heterogenen Umfeld. So liegen gleich hinter der Kirche der bereits 1959 stillgelegte Bahnhof der Walhallabahn und, diesem gegenüber, das stattliche neubarocke Wohnhaus Donaustaufer Straße 30 mit der Gaststätte „Zur Walhalla". Etwas weiter östlich schiebt sich das 1957 erbaute zehngeschossige Seniorenwohnheim der Arbeiterwohlfahrt Niederbayern-Oberpfalz wie ein Fanal moderner städtischer Architektur in das noch unbebaute Gelände vor.

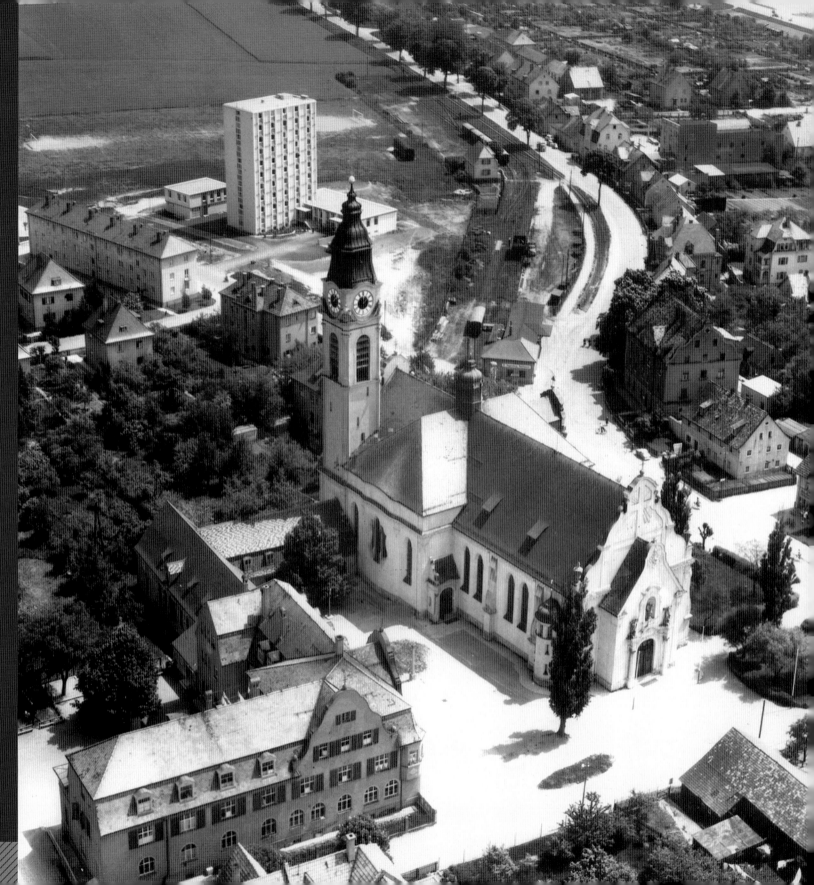

1958

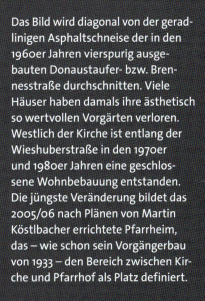

Das Bild wird diagonal von der gerad-
linigen Asphaltschneise der in den
1960er Jahren vierspurig ausgebauten Donaustaufer- bzw. Bren-
nesstraße durchschnitten. Viele
Häuser haben damals ihre ästhetisch
so wertvollen Vorgärten verloren.
Westlich der Kirche ist entlang der
Wieshuberstraße in den 1970er
und 1980er Jahren eine geschlos-
sene Wohnbebauung entstanden.
Die jüngste Veränderung bildet das
2005/06 nach Plänen von Martin
Köstlbacher errichtete Pfarrheim,
das – wie schon sein Vorgängerbau
von 1933 – den Bereich zwischen Kirche und Pfarrhof als Platz definiert.

AVIA-GROSSTANKSTELLE
UND FERNFAHRERHEIM

Ganz der individuellen Mobilität mit eigenem Pkw und dem Gütertransport auf der Straße verpflichtet, errichtete die Firma A.F. Bauer & Co. KG (AVIA) 1952 an der damaligen Böhmerwaldstraße, heute Frankenstraße, zunächst eine Tankstelle. Die von Günther Schwecke bereits 1934 an der Margaretenstraße gegründete Firma operierte ab den 1950er Jahren unter dem Dach der AVIA, dem internationalen Zusammenschluss von mittelständischen Mineralölhändlern. 1955, also drei Jahre später, wurde die Tankstelle zur Großtankstelle mit Servicebereich erweitert.

Auf der anderen Straßenseite entstand nach den Plänen des Regensburger Architekten Wenz ein „Fernfahrerheim mit Raststätte" in „großstädtischer Manier", wie die „Regensburger Woche" ihren Lesern vermeldete. Das Luftbild dokumentiert anschaulich die Anfänge eines Verkehrsträgers, dessen Siegeszug im letzten halben Jahrhundert allerdings nicht nur segensreich war.

1958

Auch nach 50 Jahren kann festgestellt werden, dass die Standortentscheidung aus den 1950er Jahren strategisch richtig war. Aus dem Fernfahrerheim ist längst ein veritables Hotel geworden. Die Tankstelle wurde seither ständig modernisiert und erweitert und den Bedürfnissen der heutigen Kraftfahrer angepasst.

Aber auch im Umfeld der beiden Einrichtungen hat sich in den vergangenen Jahrzehnten einiges verändert. Gewerbebetriebe und Wohnungsbauten haben die damals noch vorhandenen Baulücken gefüllt. Am oberen Bildrand sind die Anfang der 1960er Jahre errichteten Milchwerke Regensburg zu sehen, westlich davon wird gerade ein Parkhaus für die Maschinenfabrik Reinhausen errichtet. Südlich davon grenzt das Werner-von-Siemens-Gymnasium an und auch das Seniorenwohnheim der Arbeiterwohlfahrt hat sich deutlich vergrößert.

2007

SALLERNER BERG

Nach einem groß angelegten städtebaulichen Gesamtkonzept aus dem Jahre 1941 sollte das Gebiet westlich der Bahnlinie Regensburg – Weiden bis hin zum Regen im Westen und nach Norden hin bis zur Chamer Straße bebaut werden und damit eine neue „Stadt im Grünen" mit über 20 000 Einwohnern entstehen. Nach 1945 wurden diese Pläne nicht weiterverfolgt. Aufgrund völlig neuer städtebaulicher und architektonischer Vorstellungen begann im Jahre 1970 der Bau von Bungalows und Einfamilienhäusern am Sallerner Berg oberhalb der Nordgau- bzw. Amberger Straße. Wie das Luftbild von 1970 zeigt, entstehen gerade an der Riesengebirgstraße die Wohnhäuser mit den Hausnummern 69 bis 77. Die Grundschule mit ihren zwei Turnhallen steht ebenfalls kurz vor der Fertigstellung.

Der westlich davon gelegene Kreide-Steinbruch ist inzwischen in den Aberdeen-Park integriert. Nach Nordwesten geht der Blick hinüber zu einem Schwerpunkt des sozialen Wohnungsbaus in Regensburg. Hier errichtete die Stadtbau GmbH zwischen 1952 und 1967 knapp 900 Wohnungen entlang der Berliner-, Pommern-, Argonnen- und Schlesierstraße.

1970

Der Sallerner Berg ist heute ein bevorzugtes Wohngebiet, von dem aus der Blick nach Süden bis zur Altstadt reicht. Die Bungalows mit ihren flachen Dächern können die Zeit ihrer Entstehung nicht leugnen. Das geplante Grün trägt zur Auflockerung der dicht gestaffelten Hausgruppen bei.

Mitte der 1980er Jahre wurde der erste Bauabschnitt des nach der schottischen Partnerstadt Aberdeen benannten Parks in der Bildmitte eingeweiht. Die 15 Hektar große Anlage bildet mit Grillplatz, Stockbahnen, Trimmpark, Spieleinrichtungen und einem „Spenderwald" einen wichtigen Grün- und Naherholungsbereich für den Stadtnorden.

Das Vereinsheim des SV Sallern am unteren Bildrand wurde wasserdicht gebaut und kann an der Nord- und Südseite an den geplanten Hochwasserdamm anschließen. Die Terrasse liegt dann auf Dammkronenniveau.

2007

GALLINGKOFEN

1470 erwarb Rudolf Alberger, der Herr der Hofmark Sallern, das direkt am Regenufer gelegene Dorf Gallingkofen, so dass ein Straßendorf entstand, welches sich auf einem schmalen Streifen zwischen dem Sallerner Berg und dem Regenufer auf einer Länge von einem Kilometer entwickelt hat. Durch das Dorf führt seither der wichtige Verkehrsweg nach Amberg. Die wirtschaftliche Grundlage der einstigen Hofmark bildete seit dem 15. Jahrhundert der Weinbau und später, nach dessen Niedergang, das Braugewerbe. Die Steinbrüche im Bereich des Westhangs des Sallerner Berges lieferten bereits seit dem 17. Jahrhundert Material für viele Bauvorhaben in der Freien Reichsstadt.

1924 kam Sallern mit Gallingkofen zu Regensburg. Einen Bezugspunkt in Gallingkofen bildeten im 20. Jahrhundert die vis-à-vis der Abzweigung in die Chamer Straße gelegene Gaststätte mit Gastgarten und der Baustoffhandel der Firma Hochmuth.

1958

Während Gallingkofen 1958 gleichsam beschaulich am Regenufer liegt, ist 50 Jahre später der Ort – der fortschreitenden Motorisierung geschuldet – von Verkehrswegen umgeben. In den 1970er Jahren entstanden der so genannte Lappersdorfer Kreisel und das auf dem Bild sichtbare Teilstück der Autobahn A 93. Auch in der Amberger Straße nahm seither die Verkehrsbelastung zu. Die Lösung der Verkehrsprobleme , z. B. in Form einer Sallerner Regenbrücke, steht daher noch immer auf der Tagesordnung.

2007

WASSERWERK IN SALLERN

Das letzte Drittel des 19. Jahrhunderts steht in Regensburg ganz im Zeichen von großen Leistungen der Daseinsvorsorge für die Bürger. Neben dem Bau von Kanälen und der Versorgung der Stadt mit Strom und Gas hatte vor allem die Bereitstellung von sauberem Trinkwasser eine hohe Priorität. In der Amtszeit von Bürgermeister Oskar von Stobäus entstand auf der Gemarkung von Sallern im Jahre 1874 ein modernes Wasserwerk mit Quellfassungen, Pumpenhaus, Maschinenhaus und den notwendigen Leitungen. Bereits im Jahre 1875 konnte die Belieferung von Haushalten und 40 öffentlichen Brunnen erfolgen. Im Jahre 1958, zum Zeitpunkt der Luftaufnahme, präsentiert sich das Sallerner Wasserwerk nahezu unverändert in seinem bauzeitlichen Zustand.

1958

50 Jahre später hat sich der Ort dank des Bauverbots, welches in einem Wassergewinnungsgebiet besteht, nur wenig verändert. Lediglich der vom Regen abzweigende Mühlkanal zum Wasserwerk wurde verfüllt, da mittlerweile elektrische Energie die Wasserkraft ersetzte. Heute sind die wesentlichen Funktionsgebäude des Wasserwerks in der Denkmalliste der Stadt Regensburg vermerkt. Im Maschinenhaus ist ein kleines Museum zur Wasserversorgung Regensburgs eingerichtet.

2007

GEWERBEGEBIET HASLBACH

1957 befand sich zwischen der Bahnlinie Regensburg – Weiden und der
Böhmerwaldstraße auf dem Gebiet
des Landkreises Regensburg ein
Sägewerk, das heute noch existiert.
Westlich der Bahnlinie erstreckten
sich die Felder des Gutes Haslbach,
dessen Ökonomiegebäude im oberen Bildbereich noch deutlich zu
sehen sind. Während der Großteil
der Flächen jenseits der Bahnlinie
bereits seit 1924 zum Stadtgebiet
von Regensburg gehört, erfolgte erst
1975 eine Arrondierung im nördlichen Bereich durch eine Abtretung
von etwa 73 Hektar durch die damalige Gemeinde Grünthal.

1957

1965 konnte die Stadt Regensburg das Gut Haslbach erwerben. Bereits in den frühen 1970er Jahren siedelten sich die ersten Gewerbe- und Industriebetriebe an. Auf einer Fläche von rund 70 Hektar befanden sich im Jahr 2009 rund 100 Firmen mit etwa 3 000 Mitarbeitern. Weitere Ansiedlungsflächen stehen zur Verfügung. Die Maschinenfabrik Reinhausen, der Weltmarktführer für Stufenschalter, wird mit seinem Zweigwerk schrittweise auf über 1 000 Mitarbeiter anwachsen. Die Firma Händlmaier, deutschlandweit die Nummer Eins bei süßem Senf, errichtet im Jahr 2010 ein neues Verwaltungsgebäude, für das sogar ein Biotop versetzt wurde.

Das Gewerbegebiet Haslbach besitzt vor allem eine hervorragende Anbindung an überregionale Verkehrswege, insbesondere an die Bahn und an die Bundesstraße B 16. Charakteristisch ist die bunte Mischung der Betriebe, die vom Handwerksbetrieb über Großhandels- und Produktionsbetriebe bis zu Dienstleistungsunternehmen reicht. Gemeinsam mit der Gemeinde Wenzenbach wird das Ziel verfolgt, ein interkommunales Gewerbegebiet zu entwickeln.

2007

KONRADSIEDLUNG, EHEMALS SCHOTTENHEIMSIEDLUNG

Ab 1933 errichtete die Stadt Regensburg im Stadtnorden auf den Fluren des ehemaligen landwirtschaftlichen Guts Harthof sowie am Flachlberg eine weitläufige Wohnsiedlung. Ein erster Bauabschnitt umfasste bis 1938 eine Fläche, die im Westen von der späteren Sandgasse, im Süden von der Brandlberger Straße und im Osten von der Bahnlinie Regensburg – Weiden begrenzt wurde. Der Siedlungsbau selbst war Teil einer kommunalen, aber auch nationalsozialistisch geprägten Stadtentwicklung. Ziel war es, einerseits der bestehenden Wohnungsnot abzuhelfen, jedoch andererseits die Siedler ideologisch an die Staatsform zu binden.

Das 1936 entstandene Bilddokument lässt am oberen Bildrand den Siedlungsteil Harthof deutlich erkennen. Im zentralen Bereich befindet sich die Danziger Freiheit und den Abschluss im Norden bildet die Konradschule, damals Hans-Schemm-Schule.

Für die Kirche St. Konrad wurde 1935 der Grundstein gelegt. 1936 weihte sie Erzbischof Dr. Michael Buchberger ein. Auf dem Flachlberg selbst bestehen bereits die Geschosswohnungsbauten, die sich forumsartig nach Südosten öffnen. Davor, noch im Bau befindlich, ist die Gaststätte Flachlberg erkennbar.

1936

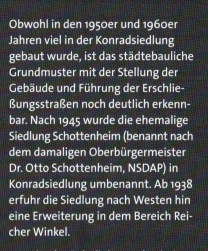

Obwohl in den 1950er und 1960er Jahren viel in der Konradsiedlung gebaut wurde, ist das städtebauliche Grundmuster mit der Stellung der Gebäude und Führung der Erschließungsstraßen noch deutlich erkennbar. Nach 1945 wurde die ehemalige Siedlung Schottenheim (benannt nach dem damaligen Oberbürgermeister Dr. Otto Schottenheim, NSDAP) in Konradsiedlung umbenannt. Ab 1938 erfuhr die Siedlung nach Westen hin eine Erweiterung in dem Bereich Reicher Winkel.

Jenseits der Bahnlinie wurde ein Betonfertigteilwerk angesiedelt, um der steigenden Nachfrage aus dem Gewerbebau nach standardisierten und damit zügig einsetzbaren Bauelementen Rechnung zu tragen. Dieser Bereich zwischen der Konradsiedlung und Brandlberg wird in den kommenden Jahren ein völlig neues Gesicht bekommen. Neben der Verlängerung der Ostumgehung wird hier ein weiteres attraktives Baugebiet für Einfamilienhäuser entstehen.

2007

ISARSTRASSE

Während im Regensburger Stadtnorden der Flachlberg, der Reiche Winkel und die Fluren des ehemaligen
Gutes Harthof schon während der
1930er Jahre bebaut wurden, prägten
in der sich nach Süden bis zur Donau
erstreckenden Ebene weitgehend
noch Landwirtschaft und Gartenbau
das Bild. Erst Ende der 1950er Jahre
setzte hier eine rege Bautätigkeit ein.
Baugenossenschaften errichteten
an der Iller- und Isarstraße moderne
Wohnblocks für öffentlich Bediens-
tete. Große Aufmerksamkeit erregte
der Bau des ersten Regensburger
Hochhauses an der Isarstraße 6/8.
Auf Initiative der Baufirma Aukofer
entstand 1958/59 nach den Plänen
des Münchner Architekten Edelmann
ein 44 Meter hoher, 13-stöckiger
Block mit 110 Wohnungen. Dem Vorhaben vorausgegangen waren eingehende planerische Voruntersu-
chungen, ob sich das Hochhaus auch
städtebaulich einfügt. Die Tagespresse feierte damals das Vorhaben
als zukunftsweisend und sah es als
Beleg für den Anschluss Regensburgs
an die Moderne an.

1961

Durch weiteren Wohnungsbau ist seit den 1950er Jahren ein eigener heterogener Stadtteil entstanden. Auch Einrichtungen für den Einzelhandel prägen heute das Gebiet. Am rechten Bildrand ist das Alex-Center zu erkennen. Erst in den frühen 1970er Jahren errichtet, wurde es bereits 2005 wieder abgebrochen. Im Jahr 2007 erlebte es seine zweite Fertigstellung und dient jetzt als Stadtteilzentrum für den gesamten Stadtnorden. Weitere Einzelhandelsbetriebe befinden sich entlang der Isarstraße bis zur Kreuzung mit der Lechstraße.

Um den Hans-Herrmann-Park in der Bildmitte gruppiert sich die soziale Infrastruktur, angefangen von der Hans-Herrmann-Schule über die Albert-Schweitzer-Realschule und die Dreifachsporthalle Nord bis hin zur Kirche Heilig Geist und den Kindertagesstätten St. Christophorus und Lechstraße. Am linken Bildrand grüßt die evangelische Kirche St. Lukas, die 1957 eingeweiht wurde, von den Hängen des Sallerner Bergs herab.

2007

EISENWERK MITTERER, DONAUSTAUFER STRASSE

Das Eisenwerk Mitterer wurde bereits 1868 gegründet. Der Spezialbetrieb im Stahlbau fertigte früher eiserne Brücken, Dachkonstruktionen, Wellblechbauten und Fachwerkträger sowie seit dem Beginn des 20. Jahrhunderts Eisengittermasten für Freileitungen. In den 1950er Jahren entstand an der Donaustaufer Straße der im Bild dokumentierte moderne Produktionsbetrieb mit dem zentralen Hallenbau. Ein eigener Gleisanschluss versetzte das Unternehmen in die Lage, die Produkte per Bahn zu seinen Abnehmern in der Schweiz und in Italien zu versenden.

1958

Im Jahre 1980 übernahm Pfleiderer Europoles die Mastenherstellung und das Know-how der Firma Eisenwerk Mitterer. Dieses weltweit operierende Unternehmen mit dem Stammsitz in Neumarkt in der Oberpfalz erweiterte den Betrieb nach Norden.

Mittlerweile ist die Wohnbebauung nahe herangerückt. Im Norden spitzt die städtische Kindertagesstätte Lechstraße zwischen den Bäumen hervor, in der sowohl Kinder im Kindergartenalter als auch Schulkinder betreut werden. Auf der gegenüberliegenden Seite der Lechstraße schließt an den Gewerbepark der Wohnungsbau der 1960er Jahre an. Dieser reicht bis hin zum Amt für Ländliche Entwicklung am oberen Bildrand, dessen Tage in Regensburg gezählt sind.

2007

N

FIRMENGELÄNDE DER
KARL RICHTBERG KG

Um 1900 gründete die Firma Gebrüder Himmelsbach, Freiburg-Baden,
im Winkel zwischen der Bahnlinie
Regensburg – Weiden und der Donaustaufer Straße auf einem zur Gemarkung Schwabelweis gehörenden
Gelände einen Betrieb für Holz-
imprägnierung, Holzhandel und
Holzverwertung. Ausschlaggebend
für die Ansiedlung waren die Nähe
zu den reichen Holzvorkommen im
Bayerischen Wald und die Bahnlinie.
1927/28 übernahm ein Konsortium
aus Dresdner Bank, Karl Richtberg
und Vohwinkel das Werk, welches
unter dem Namen Impreva AG wei-
terproduzierte. Ab 1934 führte die
Karl Richtberg KG, Berlin-Charlot-
tenburg, den Betrieb alleine weiter,
die sich vor allem auf die Herstellung
von Telegrafenmasten und Eisen-
bahnschwellen spezialisiert hatte.
Um diese Holzprodukte haltbarer zu
machen, wurden auf dem Gelände
jahrzehntelang Imprägniermittel verwendet, insbesondere Quecksilber-
sublimat und Teeröl. Am 30. Juni 1980
schloss das Werk Regensburg.

1961

1981 begann die Richtberg Grundstücksverwaltung, das Gelände für eine Nachfolgenutzung vorzubereiten und zu entwickeln. Die Stadt Regensburg entwarf im selben Jahr einen Bebauungsplan, in dem die Rahmenbedingungen zur Errichtung eines Gewerbeparks fixiert wurden. Ab 1982 setzte die Gewerbepark GmbH diesen Bebauungsplan schrittweise um, wobei die Frage der Altlastenbeseitigung eine besonders große Rolle spielte.

Der Gewerbepark Regensburg hat sich in den letzten Jahrzehnten als stark frequentierter Standort für Produktion, Dienstleistung und Einzelhandel profiliert. Mehr als 300 Firmen auf 155 000 Quadratmetern Mietfläche prägen ihn. Mit sechs Themenschwerpunkten, z. B. aus Medizin, Consulting, Bauen und Einrichten oder Handel, hat der Gewerbepark einen überregionalen Bekanntheitsgrad erreicht und sich zur größten Wirtschaftsplattform Ostbayerns entwickelt, die bis zu 15 000 Besucher und Kunden täglich aufsuchen.

2007

N

QUARTIER ÖSTLICH
DES WEICHSER WEGS

1958 erstreckte sich östlich des Weichser Wegs eine lockere Wohnbebauung mit großen Grundstücken, auf denen intensiver Gartenbau betrieben wurde. Weiter nach Süden hin breitet sich das Donauvorland aus, ein Bereich, der regelmäßig bei Hochwässern überschwemmt wurde.

An der Donaustaufer Straße, die im Vordergrund des Bildes mit ihren Alleebäumen und der straßenbegleitenden Walhallabahn erkennbar ist, haben sich bereits verschiedene Gewerbebetriebe angesiedelt.

1958

50 Jahre später fällt auf Anhieb die Orientierung schwer. Im Ostteil von Weichs in Donaunähe entstanden weitere Wohnhäuser auf den früheren Gartengrundstücken. Östlich davon hat die Stadtbau GmbH an der Vilsstraße bzw. am Schwabelweiser Weg auf einer Fläche von rund 2,4 Hektar 212 öffentlich geförderte Wohnungen errichtet.

Eine völlig neue Stadtstruktur entwickelte sich zwischen der Innstraße und der Donaustaufer Straße. Hier entstanden in den letzten Jahrzehnten insbesondere nördlich der Walhalla-Allee eine Reihe von Fach- und Verbrauchermärkten, die im Jahr 2010 zusammen eine Verkaufsfläche von rund 20 000 Quadratmetern aufweisen.

2007

WEICHSER SCHLOSS
MIT BRAUHAUS

Das ehemalige Weichser Schloss, eine spätgotische Vierflügelanlage mit Überformungen der Renaissance, prägt, auf einem Hügel im Donauschwemmland situiert, die Szenerie. Im Vorfeld des Schlosses nach Süden ist ein langgestreckter Baukörper zu erkennen, in dem aufgrund eines Privilegs des Landesherrn weißes Bier gebraut wurde. Der Chronist Karl Sebastian Hosang berichtet im 19. Jahrhundert, dass im Weißen Brauhaus in Weichs „das beste Weizenbier erzeugt wurde". Die Brautätigkeit endete zu Beginn des 20. Jahrhunderts. Das Fotodokument von 1958 zeigt die bis Ende der 1960er Jahre bestehende Gaststätte Zach-Bräu mit dem östlich anschließenden Biergarten.

1958

Der früher von Gartenbau geprägte Ortsteil Weichs, der für seinen Rettich berühmt war, hat sich zu einer städtischen Siedlung entwickelt. Das Weichser Schloss ist von Einfamilien- bzw. Reihenhäusern umgeben, und auch das Weiße Brauhaus musste einer modernen Reihenhausstange mit Flachdach weichen.

Nördlich anschließend hat sich ab 1967 das Donaueinkaufszentrum (DEZ) etabliert. Dieses erste zweigeschossige und voll klimatisierte Center Deutschlands wuchs nach der letzten Erweiterung im Jahr 2003 auf knapp 55 000 Quadratmeter Verkaufsfläche. Das DEZ stellt vor allem für die weiter entfernt wohnende Umlandbevölkerung ein beliebtes Einkaufsziel dar.

2007

KALKWERK FUNK,
DONAUSTAUFER STRASSE

Etwa 200 Meter östlich der Bahnlinie Regensburg – Weiden zieht sich am linken Donauufer bis zur Talschlucht bei Tegernheim ein Höhenzug entlang, der Kalkstein enthält. Das dort anstehende Material ist sehr hochwertig und erreicht in den meisten Lagen eine Konzentration von 98 bis 99 Prozent. Diese geologischen Voraussetzungen führten dazu, dass bereits 1871 David Funk am Fuße des Keilbergs ein Kalkwerk gründete. 1877 eröffnete auch J. Micheler ein Kalkwerk, 20 Jahre später erfolgte abermals eine Werksgründung durch André Büechl.

Auf dem Bilddokument von 1968 ist im Vordergrund die Direktionsvilla der Kalkfirma Funk zu sehen, die in Neurenaissanceformen im Jahre 1893 von Theodor Sonntag errichtet wurde. Am linken Bildrand ist der Abbaustand Ende der 1960er Jahre dokumentiert, wobei die Abraumdeponien bereits eine neue Geländemodellierung erkennen lassen.

1968

Die aktuelle Aufnahme aus dem Jahr 2007 zeigt, dass das Unternehmen eine kontinuierliche Modernisierung bzw. einen weiteren Ausbau der Kalkproduktion erfahren hat. Heute firmiert der Betrieb unter Walhalla Kalk Entwicklungs- und Vertriebs GmbH. Neue Produkte für den Verkehrswegebau, die Geotechnik und den Umweltschutz kamen hinzu. 1999 erwarb die Heidelberger Zement AG den Kalkbereich der Firma Büechl und übertrug ihn auf das Tochterunternehmen Kalkwerk D. Funk.

Unschwer lassen sich auf dem aktuellen Luftbild die nicht reversiblen Eingriffe in die Natur durch den Kalkabbau ablesen. Daher hat sich das Unternehmen mit der Stadt Regensburg darauf verständigt, den Kalkabbau zu steuern und langfristig qualifiziert zu beenden. Es hat teilweise schon ein Rückbau der Produktionsanlagen stattgefunden und einzelne Abschnitte des Abbaugebiets werden bereits für eine zukünftige Siedlungstätigkeit vorbereitet.

2007

BAHNHOF WALHALLASTRASSE UND BAHNHOF DER WALHALLABAHN

Die Bahnanlagen der Bayerischen Staatsbahn, später Reichsbahn/ Deutsche Bundesbahn, und die Anlagen der lokalen Walhallabahn hatten in der ersten Hälfte des 20. Jahrhunderts für den Güterverkehr im Stadtnorden eine herausragende Bedeutung. 1903 war der Verschiebe- und Umladebahnhof „Walhallastraße Lokal-Bahnhof" neben dem Kalkwerk Funk (Bildmitte rechts) betriebsbereit. Aufgrund der unterschiedlichen Spurweiten von Staatsbahn und Lokalbahn musste die Ware umgeladen werden oder die Normalspurwaggons wurden auf Rollböcke gesetzt, um sie auf der Lokalbahnstrecke weiter zu befördern.

Auf dem Luftbild von 1958 ist am linken Bildrand das Firmengelände der Richtberg KG zu sehen, darüber die Harthofsiedlung als Teil der Konradsiedlung. In der Bildmitte verläuft die Bahnstrecke Regensburg – Weiden. Der Personenbahnhof Regensburg-Walhallastraße ist ebenfalls gut zu erkennen. Östlich der Bahnlinie dominiert im oberen Bildbereich das Kalkwerk André Büechl (Kalk- und Portlandzementwerk). Südlich davon schließen sich das Kalkwerk Steine und Erden sowie der Bahnhof der Walhallabahn an.

1958

50 Jahre später ist von der weitläufigen Bahninfrastruktur nur noch wenig übrig. Die Walhallabahn hat schon 1968 ihren Betrieb eingestellt. Die Industriebetriebe an der Donaustaufer Straße sind mittlerweile nicht mehr an das Bahnnetz angeschlossen. Westlich der Bahnlinie Regensburg – Weiden hat sich im Bereich „An der Schergenbreite" ein kleines, im Süden durch die Walhalla-Allee begrenztes Wohngebiet entwickelt.

Seit mehreren Jahren gibt es Überlegungen, den Haltepunkt Walhallastraße/Gewerbepark wieder zu beleben. Noch ist das zu erwartende Fahrgastpotenzial zu gering, um einen barrierefreien Ausbau zu rechtfertigen.

2007

KALKWERKE MIT KALKHAFEN

Die Aufnahme aus dem Jahr 1958 zeigt anschaulich die Weitläufigkeit des Kalkabbaus zwischen der Donaustaufer Straße und dem Keilberg. Am rechten Bildrand ist am Nordufer der Donau ein kleines Hafenbecken mit geschütteten Dämmen und einer Verladebrücke erkennbar, auf denen eine Kleinbahn Kalk zu den Donauschiffen brachte. Der Hafen entstand in den Jahren 1943/44 im Auftrag der Reichswerke AG für Erzbergbau und Eisenhütten „Hermann Göring". Die Reichswerke hatten 1938 den Betrieb der Erbengemeinschaft Firma David Funk „arisiert" und in den Rüstungskonzern integriert.

Der Kalk aus Regensburg sollte zur 1938 gegründeten Hütte Linz der Reichswerke geliefert werden und bei der Stahlproduktion Verwendung finden. Kriegsbedingt wurden die Anlagen in Regensburg nicht fertiggestellt. Das Hafenbecken diente in der Folge alten Dampfschiffen als letztes Quartier. Im Zuge der Bauarbeiten für den Kanalsammler Nord wurde das Hafenbecken Ende der 1970er Jahre verfüllt.

1958

Als eines der größten kommunalen Straßenbauprojekte Regensburgs gilt nach wie vor die rund fünf Kilometer lange Osttangente. Diese wurde in den Jahren von 1980 bis 1988 ausgehend von der Kreuzung Nordgaustraße/Walhalla-Allee bis zur Landshuter Straße realisiert. Wesentliches Element dieser innerstädtischen Magistrale ist die Schwabelweiser Donaubrücke. Von 1979 bis 1981 entstand die Stabbogenbrücke mit einer Stützweite von 207 Metern zwischen den Strompfeilern. Der Scheitel der beiden Bögen liegt rund 31 Meter über der Fahrbahn. Das Brückenbauwerk kostete den Stadtsäckel die damals stolze Summe von 37 Millionen DM. Die Osttangente wird bis zum Jahr 2013 bis zur Bundesstraße B 16 in Haslbach weitergeführt.

Der Kalkabbau ist an seinem östlichen Ende angekommen und arbeitet sich nun sukzessive in die Kernbereiche vor. Die Reste des alten „Micheler-Bruchs" am linken Bildrand bleiben erhalten.

Südlich der ehemaligen Getreidespeicher hat sich die Sportart Baseball etabliert, die hier ein Landesleistungszentrum aufbaut.

2007

KEILBERG

Zwischen dem Wutzlhofener Trockental und der Donau im Süden befindet sich ein dem fränkischen Jura zugehöriger Bergstock, der sanft nach Westen abfällt. Der dort anstehende Kalkstein ist von höchster Qualität und wird seit rund 150 Jahren abgebaut. Auf der Hochfläche hat sich seit dem frühen 19. Jahrhundert eine Streusiedlung entwickelt, in der Kalkbrenner, Steinbrucharbeiter und Maurer mit ihren Familien wohnten. Gleichwohl ist Keilberg bereits in der Jungsteinzeit besiedelt gewesen, wie archäologische Befunde belegen. Zusammen mit dem industriellen Kalkabbau wuchs auch Keilberg. 1890 zählte die Siedlung bereits 400 Einwohner. 1924 kam Keilberg, das zur Gemeinde Schwabelweis gehörte, zur Stadt Regensburg. Das aus dem Jahre 1957 stammende Luftbild verdeutlicht anschaulich den Charakter einer Streusiedlung. Die 1930 geweihte Kirche St. Michael bildet zusammen mit dem Friedhof einen Kristallisationspunkt.

1957

Die starke Nachfrage nach Bauland veranlasste die Stadt Regensburg, für Keilberg einen Bebauungsplan aufzustellen, der 1986 in Kraft trat. Damit sollte bauwilligen Bürgern die Möglichkeit eröffnet werden, in Keilberg zu bauen, und andererseits dem Stadtteil ein städtebaulicher Rahmen gegeben werden. Von besonderer Bedeutung sind in Keilberg die Fragen der Erschließung und der Umlegung. Das Luftbild aus dem Jahr 2007 zeigt die in den letzten 20 Jahren gemachten Fortschritte beim Straßen- und Wohnungsbau.

Trotz der verstärkten Bautätigkeit ist Keilberg nach wie vor ein Zentrum des Erdbeeranbaus, der um 1930 begann. Auch der typische Charakter einer Streusiedlung ist noch heute gut zu erkennen. Die Kirche von Keilberg markiert den höchsten Geländepunkt im Stadtbereich, der 471 Meter über dem Meeresspiegel liegt.

Der Fernsehsender „Hohe Linie" befindet sich bereits außerhalb der Stadtgrenze und markiert den Übergang vom Jura zum Bayerischen Wald.

2007

HOCHSTIFTSTRASSE, SCHWABELWEIS

Die erste urkundliche Erwähnung von Schwabelweis stammt aus dem Jahr 821. Abt Siegfried von Engelbrechtsmünster schenkte damals seine dortigen Besitzungen dem Kloster St. Emmeram. In der linken Bildhälfte ist die Kirche St. Georg zu sehen, die 1770 bis 1776 errichtet wurde. Bei Entstehung der Aufnahme 1936 war noch die dörfliche Struktur zwischen der am oberen Bildrand erkennbaren Donaustaufer Straße und dem Nordufer der Donau ablesbar. Nach der Eingemeindung von Schwabelweis nach Regensburg im Jahre 1924 entstanden im Rahmen eines Wohnungsprogramms im Osten des Ortes Kleinsiedlerstellen. Eine Verbindung zu den Gewerbebetrieben auf der anderen Donauseite stellte damals noch eine Seilfähre her, die nahe der Kirche abfuhr.

1936

Nach 70 Jahren sind viele Äcker in Schwabelweis Wohnhäusern gewichen. Der Ort an der Donau hat ein attraktives Wohnumfeld und bietet Lebensqualität. Allen städtebaulichen Planungen zum Trotz hat sich noch eine historische Wegebeziehung erhalten: Die Hochstiftstraße führt nach wie vor vom Ortskern diagonal nach Nordosten über die Weinbergstraße zum Fellinger Berg.

In den späten 1990er Jahren wurde die Siedlungstätigkeit nördlich der Donaustaufer Straße forciert. Das lang ersehnte Nahversorgungszentrum ging 2004 in Betrieb. Damit der Wohnungsbau fortgeführt werden kann, wird im Jahr 2010 flussabwärts der Schwabelweiser Eisenbahnbrücke der bestehende Hochwasserdamm um etwa einen halben bis einen Meter erhöht. Dieser soll die dahinterliegenden Siedlungsbereiche vor einem 100-jährlichen Hochwasser schützen.

2007

N

ORTSKERN SCHWABELWEIS

Das Luftbild von 1958 zeigt anschaulich die Lage von Schwabelweis direkt an der Donau. Die Hochfluten der Donau bedrängten seit jeher den Ort. Schon in früher Zeit – von 1763 bis 1800 – bauten die Schwabelweiser ein „Wöhr", welches Schutz vor den Donaufluten gewährleisten sollte. Die Donau verschaffte den Bewohnern jedoch nicht nur Unbill, sondern auch Arbeit. Wie am oberen Bildrand erkennbar, boten die Anfang des 20. Jahrhunderts auf dem gegenüberliegenden Ufer angesiedelten Hafen- und Werftbetriebe auch Arbeitsplätze. Am rechten oberen Bildrand ist noch der Kalkhafen auf Schwabelweiser Seite erkennbar.

Das Bild dokumentiert ferner auch drei wichtige Institutionen des öffentlichen Lebens einer Stadtrandgemeinde: Die am Donauufer gelegene Kirche St. Georg, nordöstlich davon das Schulhaus an der Hochstiftstraße und die an der Donaustaufer Straße gelegene Gaststätte mit Landwirtschaft von Josef Niebauer.

1958

Schwabelweis hat sich in den vergangenen Jahrzehnten behutsam weiterentwickelt. Kirche und Schule bilden nach wie vor die Ortsmitte. Die damals noch freien Flächen wurden für den Wohnungsbau genutzt. Nördlich der Donaustaufer Straße beginnt nun eine neue Entwicklung, denn Familienheime werden künftig das Bild prägen.

Westlich des Ortes wurde in den Jahren 1979 bis 1981 die Donaubrücke Schwabelweis errichtet. Der 518 Meter lange Brückenzug besteht aus zwei Vorlandbrücken und einer 207 Meter langen Strombrücke, die zu den längsten Stabbogenbrücken in Deutschland gehört. Strittig ist nach wie vor die verkehrliche Erschließung des Ortsteils. Soll die Donaustaufer Straße mit einem Verkehrsaufkommen von rund 18 000 Kraftfahrzeugen am Tag weiterhin mitten durch den Ortskern führen oder durch eine Umgehungsstraße abgelöst werden?

2007

N

CHEMISCHE FABRIK VON HEYDEN AG, DONAUSTAUFER STRASSE

1937 wurde die „Süddeutsche Holzverzuckerungswerke Aktiengesellschaft Regensburg" mit dem Ziel
gegründet, das Deutsche Reich auf
dem Gebiet eiweißhaltiger Futtermittel autark zu machen. Auf einem
Gelände östlich von Schwabelweis
sollten aus Holz bzw. Holzfaser-
stoffen die wichtigen Grundstoffe
Industriealkohol bzw. Zucker erzeugt
werden. Mitte 1941 begann die Produktion. Nach erheblichen Zerstö-
rungen Ende des Zweiten Weltkriegs
schloss der Betrieb 1945. Drei Jahre
später pachtete das Hamburger
Maizena-Werk die Anlagen, um aus
Mais, der aus dem Donauraum im-
portiert werden sollte, Stärkemehl
zu produzieren. Als die Rohstoffim-
porte aus handelspolitischen Gründen
nicht realisierbar waren, übernahm
im November 1953 die Chemische Fabrik Von Heyden Aktiengesellschaft,
München, ehemals Dresden-Radebeul, die Anlagen. Das Bild aus dem
Jahr 1958 zeigt im Prinzip noch die
Werksanlagen aus der Zeit der Süddeutschen Holzverzuckerungswerke.

1958

Heute erstreckt sich westlich der Kreuzhofkapelle ein Gewerbegebiet mit einem Vertrieb von Wohnmobilen und Caravans sowie einem Auslieferungslager für Getränke. Südwestlich davon schließt sich der in den 1990er Jahren errichtete Bauhof des Wasser- und Schifffahrtsamtes Regensburg an. Der am linken Bildrand erkennbare „Werkshafen" sollte ursprünglich den Übergang zu einem zweiten Osthafenbecken bilden, dessen Notwendigkeit in der Zwischenzeit nicht mehr gegeben ist. In der Bildmitte ist der Nordkai des Osthafens mit seinen Silogebäuden und Lagerhäusern erkennbar.

Weiter geht der Blick hinüber nach Schwabelweis und zu den Hängen des Keilsteins und Fellingerbergs. Diese haben in den letzten Jahren durch den Kalkabbau sichtlich an Struktur und Masse verloren. Aber auch die Donaulandschaft hat sich verändert: Auwaldgehölze säumen nun die Ufer des Stroms und der Altwässer. Während früher der Uferbewuchs regelmäßig zurückgeschnitten wurde – die Schifffahrt fuhr auf Sicht und hatte keine Funkgeräte an Bord – kann sich heute eine Vegetation entwickeln, die auch unter ökologischen Gesichtspunkten ein Gewinn ist.

2008

KREUZHOF UND OSTBAYERISCHES EINRICHTUNGSZENTRUM

Einsam am Ufer des seit 1962 hier in die Donau mündenden Osthafenbeckens präsentierte sich 1968 der historisch bedeutende Weiler Kreuzhof mit seiner zweigeschossigen romanischen Kapelle. Hier bzw. auf den weiten Feldern und Wiesen im Hintergrund kamen am 8. September 1156 Kaiser Friedrich Barbarossa und die Fürsten des Reichs zusammen, um einen Streit um das Herzogtum Bayern zu schlichten. Ergebnis war die Abtrennung der Ostmark und deren Erhebung zu einem eigenen Herzogtum – Österreich.

Im Jahr der Aufnahme gehörte der Kreuzhof noch zur Gemeinde Barbing. Auf der in den 1960er Jahren bis Rosenhof fertiggestellten Bundesautobahn A 3 herrschten damals noch paradiesische Zustände.

1968

Seit dem 1. Januar 1978 nach Regensburg eingemeindet, ist der historisch so bedeutende Ort in der städtischen Peripherie aufgegangen. Im Osten, entlang der Donau, schließt sich das noch 1978 errichtete Klärwerk an, während nach Westen ein Lagerhaus-Monolith der Thurn und Taxis Brauerei Immobilien GmbH die unsensible Verbindung zwischen der alten Siedlung und den Anlagen des Osthafens herstellt.

Jenseits der Straubinger Straße erstreckt sich östlich der Sulzfeldstraße ein 1994 zur Ansiedelung von Großmärkten für Möbel und Baubedarf erschlossenes Areal. Dieses „Ostbayerische Einrichtungszentrum" mit rund 70 000 Quadratmetern Verkaufsfläche bildet für die ganze Region ein begehrtes Einkaufsziel und wurde ganz bewusst im Sinne des Regensburger Einzelhandelskonzepts entwickelt: Nämlich Standorte mit einem eigenen Profil zu versehen, um damit das Einzelhandelsangebot transparenter für die Kunden zu gestalten.

2007

ÄUSSERE WIENER STRASSE UND OSTHAFEN

Der zunehmende Warenverkehr auf der Donau führte dazu, dass bereits 1939 der Bau eines neuen Hafenbeckens von den staatlichen Stellen bewilligt wurde. Der Zweite Weltkrieg verhinderte jedoch die Umsetzung dieses Plans. Die Nachkriegsordnung in Europa betraf insbesondere die Handelsbeziehungen und den Warenaustausch auf der Donau. So dauerte es fast 20 Jahre, bis sich im Jahre 1956 der Freistaat Bayern zum Bau eines Osthafens bekannte.

Von 1960 bis 1963 entstand auf dem Gemeindegebiet Barbing ein rund 400 Meter langes Hafenbecken. Parallel dazu wurden Straßenanschlüsse über die heutige Äußere Wiener Straße zum Umfeld des Luitpold- und Petroleumhafens geschaffen. Auch die entsprechenden Bahnanschlüsse wurden verlegt.

Dass der Hafenbau nicht auf städtischem Gebiet umgesetzt werden konnte, führte bei den Stadträten und der Verwaltung der Stadt Regensburg zu erheblicher Kritik. Die Eingemeindung dieser Flächen wurde als unabdingbar bezeichnet. Doch erst 1978 wurden der Stadt die Flächen zwischen Irl und der Donau zugesprochen.

Auf dem Luftbild von 1961 ist auch noch die alte Trasse der Bundesstraße B 8 erkennbar, die bereits parallel zum Hafenbecken verlegt ist.

1961

Zwischen der Äußeren Wiener Straße und der Bundesstraße B 8 hat sich ein Gewerbegebiet mit dem Schwerpunkt Logistik entwickelt. In den Jahren 1970 bis 1972 wurde das Osthafenbecken nochmals um rund 350 Meter nach Westen verlängert. Beiderseits des Hafenbeckens haben Speditionen ihre Lagerhäuser errichtet. In den hohen Silogebäuden werden Futtermittel bzw. Getreide gelagert. Im so genannten Güterverkehrszentrum Hafen werden auf ideale Weise die Verkehrsträger auf der Schiene, der Straße und dem Wasser verknüpft.

In der Bildmitte ist das Terminal für die „Rollende Landstraße" erkennbar. Hier werden Lkws auf der Bahn im Nachtsprung nach Graz in Österreich und nach Trento in Italien befördert.

2007

OSTHAFEN

1962 legten erstmals Donauschiffe im neuen Osthafen an. Ursprüngliches Ziel war, einen Industriehafen zu konzipieren, in dem sich vor allem Produktionsbetriebe an den Kais ansiedeln konnten, die Rohstoffe über den Wasserweg importieren und fertige Produkte verschiffen sollten. Zunächst fasste die Futtermittelindustrie Fuß, wie auf dem Bild von 1968 erkennbar ist. Aber es war schwierig, das dringend benötigte Getreide über die Donau zu importieren. Unterhalb Wiens begann der Eiserne Vorhang. Exporte in den „Westen" blieben die Ausnahme; die im Rat für gegenseitige Wirtschaftshilfe zusammengeschlossenen östlichen Donauländer praktizierten die Planwirtschaft. Aber auch die Europäische Wirtschaftsgemeinschaft, der Deutschland angehörte, regelte den Agrarmarkt streng.

Trotzdem fand der neue Hafen sein Auskommen, vor allem im Transitverkehr. Jahrzehntelang kam über die Nordseehäfen Erz und Kohle per Bahn nach Regensburg, wurde hier auf Schiffe umgeschlagen und in das oberösterreichische Linz zu den dortigen Stahlwerken weitertransportiert.

1968

40 Jahre später haben sich die Vorzeichen an der Donau und damit im Hafen Regensburg grundlegend verändert. Regensburg ist nicht mehr Endpunkt der Donauschifffahrt, sondern liegt an einer großen Wasserstraße, die die Seehäfen an der Nordsee mit dem Schwarzen Meer in einem vereinigten Europa verbindet und damit den Ansiedlern und der Hafenwirtschaft ganz neue Chancen und Perspektiven bietet.

Weitere Firmen haben sich zwischenzeitlich angesiedelt. Die Futtermittelwerke importieren ihre Rohstoffe heute nach Marktlage entweder aus Übersee oder dem Donauraum. Gleichwohl sind nur wenige Schiffe an den Kais vertäut. Zeit ist Geld, auch in der Binnenschifffahrt. 2006 wurde der Südkai umgebaut, so dass seitdem auch Lkws die Gleise passieren können. Mit den beiden neuen Hafenkränen kann der Güterumschlag über zwei Schiffsbreiten durchgeführt werden.

PETROLEUMHAFEN

In Anwesenheit von Prinz Ludwig, dem späteren König Ludwig III., erfolgte am 6. Juni 1910 die feierliche Eröffnung des Luitpold- und des Petroleumhafens. Während das Königreich Bayern die Baukosten trug, stellte die Stadt Regensburg Grund und Boden zur Verfügung. Besonders zukunftsträchtig erschien die Anlage eines Petroleumhafens. Mineralöl trat Ende des 19. Jahrhunderts weltweit seinen Siegeszug als Brenn- und Kraftstoff an. Regensburg wurde zum Anziehungspunkt einer Mineralöl verarbeitenden Industrie, die das aus Rumänien donauaufwärts transportierte Rohöl verarbeitete.

Ende des Zweiten Weltkriegs wurden Hafen- und Produktionsanlagen weitgehend zerstört. Das Bild aus dem Jahre 1956 zeigt noch Teile der ehemaligen Fabrikationsstätten, die jedoch schon anderweitig genutzt wurden. Der Petroleumhafen hatte zwischenzeitlich eine Renaissance erfahren. Heizöl verdrängte nun die Kohle als neue Energiequelle in Industrie und privaten Haushalten. In Donauschiffen kam der Brennstoff vor allem aus Österreich und Rumänien nach Regensburg, wurde eingelagert und mit Lastkraftwagen an die Verbraucher geliefert. Als zu Beginn der 1960er Jahre Bayern aus industriepolitischen Gründen eine eigene Raffineriekapazität im Großraum Ingolstadt aufbaute, kam der Handel mit Mineralöl nach Regensburg nahezu zum Erliegen.

1956

50 Jahre später dominieren im Öl-hafen nach wie vor die Lagertanks. 80 000 Kubikmeter Flüssiggut kön-nen eingelagert werden. Die in den 1970er Jahren entwickelten Pläne, den Hafen mangels Zukunftschancen zuzuschütten, wurden wieder auf-gegeben. Heute hat der Ölhafen nur mehr regionale Bedeutung. Die zur Verfügung stehenden freien Flächen werden nun für Speditionsbetriebe zur Verfügung gestellt.

An der Einfahrt zum Westhafen wur-de 1995 eine großzügige Ro-Ro-Anlage (Roll-on-Roll-off) errichtet, über die alle Transporte direkt vom Land auf das Schiff gefahren werden können. Einen wesentlichen Anteil macht da-bei die Verschiffung von fabrikneuen Pkws aus.

2007

RUTHOF-WERFT, WIENER STRASSE

Die Schiffswerft Christof Ruthof mit dem Stammsitz in Mainz-Kastel kam bereits 1892 nach Regensburg. Auf dem Oberen Wöhrd baute das Unternehmen aus vorgefertigten Teilen Schiffe für die Donau zusammen. Nach einem Intermezzo an der Donaulände, wo sich der Betrieb 1894 angesiedelt hatte, zog das Unternehmen 1910 in den damals gerade fertiggestellten Petroleumhafen um.

Das Bilddokument von 1958 zeigt die Ruthof-Werft unterhalb der Bahnlinie Regensburg – Weiden mit der großen Schiffsbauhalle und der Hellinganlage. Am östlichen Ende des Areals war die Schiffsschreinerei untergebracht.

1958

Der einstige Werftbetrieb hat sich in eine Stahlbaufirma verwandelt. 1970 erwarb die Deggendorfer Werft den Betrieb und führte diesen bis 1983 weiter. Das letzte Schiff lief 1982 vom Stapel. 1983 gründeten ehemalige leitende Mitarbeiter die Firma STS (Stahl-Technik-Straub). Diese firmiert heute unter STS Stahltechnik GmbH und hat sich auf die Planung, Konstruktion, Herstellung, Montage und Reparatur von Stahlprodukten spezialisiert.

2007

N

SCHIFFSWERFT THEODOR HITZLER, BUDAPESTER STRASSE

Die Aussicht auf Beschäftigung durch Reparationsleistungen war für Theodor Hitzler das Motiv, nach dem Ersten Weltkrieg mit einer Schiffswerft und Maschinenfabrik nach Regensburg zu gehen. Die Stammhäuser befanden sich in Hamburg (Theodor Hitzler Schiffswerft) und Lauenburg/Elbe (J. G. Hitzler Schiffswerft und Maschinenfabrik).

Auf einem Areal westlich der Eisenbahnbrücke Schwabelweis begann die Firma 1921 mit dem Bau der Werftanlagen. Hitzler spezialisierte sich neben dem traditionellen Schiffsbau auf die Herstellung von Schiffshilfsmaschinen und so genannten Hitzler-Patent-Dreiflächenrudern.

Der Schiffsbau hatte in Regensburg insbesondere in der Zeit von 1936 bis 1945 Hochkonjunktur, als zahlreiche Schlepper und Schleppkähne für die Schifffahrtsgruppen des Deutschen Reiches vom Stapel liefen. Das Bild aus dem Jahre 1958 zeigt das Werftareal nach Behebung der zahlreichen Kriegsschäden.

1958

Die Schiffswerft Hitzler produzierte am Standort Regensburg bis zum Konkurs im Jahre 1994 über 300 Fahrzeuge. 2005 begann der Abbruch der Werfthallen und der Werkstätten. Zwischenzeitlich sind sämtliche Gebäude beseitigt und das Gelände wird einer neuen Nutzung durch einen Recyclingbetrieb zugeführt. Mit der Firma Hitzler schloss nach 73-jähriger Betriebstätigkeit der letzte Schiffbaubetrieb in Regensburg.

Unmittelbar an der Schwabelweiser Eisenbahnbrücke hat sich das Postmuseum etabliert, das mehrere Postomnibusse sowie einen damals von Pferden gezogenen Postbus aus dem Jahr 1911 zeigt.

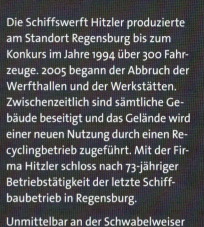

2007

LUITPOLDHAFEN,
HEUTE WESTHAFEN

Als 1910 der Luitpoldhafen seiner Be-stimmung übergeben werden konn-te, ging ein lang gehegter Wunsch des Regensburger Magistrats in Er-füllung. Schon 1899 ersuchte die Stadt das Königliche Staatsministeri-um des Innern, Finanzmittel für den Bau eines Winter- und Umschlagha-fens bereitzustellen, um dem steigen-den Güterverkehr Rechnung zu tra-gen, der angesichts der Ansiedlung verschiedener Industrien zu erwar-ten war. Erst 1906 bewilligte der Bay-erische Landtag Mittel für den Bau eines Staatshafens in Regensburg.

Die Dimensionen des neuen Luitpold-hafens waren beachtlich: Das Becken hatte eine Länge von 600 Metern (eine Verlängerung um 200 Meter folgte in den 1920er Jahren) und eine Breite von 80 Metern. Die Mindest-wassertiefe lag bei 2,30 Metern.

Am Südkai operiert seit 1910 als kommunaler Eigenbetrieb das „Städ-tische Lagerhaus", heute Lagerhaus- und Schifffahrtsgesellschaft, als Dienstleister im Lagerei- und Um-schlaggeschäft. Am Nordkai war von 1913 bis 2000 der Bayerische Lloyd angesiedelt. Das Luftbild aus dem Jahre 1962 vermittelt einen Eindruck vom geschäftigen Treiben an den Kais: Regensburg ist Kopfhafen der Donau-schifffahrt. Zahlreiche Schleppkähne aus den Donaustaaten haben festge-macht. Der Warenaustausch mit den Ländern des Ostblocks erfährt knapp 20 Jahre nach dem Zweiten Weltkrieg wieder eine Belebung.

1962

Von der einstigen Betriebsamkeit auf dem Wasser und der Schiene ist wenig geblieben. Der Hafen ist derzeit in einer Phase der Umstrukturierung. Das Hafenbecken wurde zugunsten der Erweiterung von Lagerflächen verschmälert und die komplette Uferanlage des Nordkais erneuert. Die alten Kräne wurden durch moderne Umschlagkräne mit bis zu 45 Tonnen Tragfähigkeit ersetzt und fünf Hektar Ufergrundstücke erschlossen. Für Investoren gibt es dadurch neue Entwicklungschancen.

Die Schleppkähne sind längst von modernen Motorgüterschiffen abgelöst worden. Diese können jetzt über Regensburg hinaus nach Westen zum Rhein fahren. Zudem ist Regensburg nicht mehr Endpunkt der Donauschifffahrt, sondern ein Hafen an der europäischen Wasserstraße Rhein-Main-Donau. Mit der Fertigstellung des Main-Donau-Kanals im Jahr 1992 verlor der Hafen zwar seine bisherige Kopfhafenfunktion, dafür entwickelt er sich zunehmend zu einer Relaisstation beim Flottenübergang zwischen Rhein- und Donauschifffahrt. Heute werden 45 Prozent des Gesamtaufkommens über die Kanalverbindung abgewickelt.

2007

TANKLAGER DER DEUTSCHEN BP

Ende des 19. Jahrhunderts waren Erdöl und Erdölprodukte zu einem neuen Marktfaktor geworden. Die Erschließung der rumänischen Erdölfelder brachte deutsche Interessenten auf die Idee, das Öl mit Schiffen auf der Donau bis nach Regensburg zu transportieren. Nicht zuletzt ermöglichte erst deutsches Kapital die Erdölförderung in Rumänien. 1897 hatte der Stadtmagistrat Regensburg über einen Bauantrag zur Errichtung von drei Lagertanks an der Unteren Donaulände zu entscheiden, wobei die dem Donauverkehr aufgeschlossene Stadtverwaltung dem Antrag alsbald stattgab. Ein Jahr später, nach dem Bau der Tankanlagen, kam erstmals Petroleum in Regensburg an.

Das Bilddokument aus dem Jahre 1958 zeigt die Tankanlage unter dem Management der Deutschen Benzin- und Petroleumverkaufsgesellschaft (BP) Hamburg, die vor allem Heizöl nach Deutschland einführen ließ. Von hier aus ging der Brennstoff per Lkw bzw. Bahn weiter an die Verbraucher.

1958

2002 wurden die seit mehreren Jahren nicht mehr genutzten Tankanlagen abgebrochen. Umweltschutzauflagen machten eine Schiffsverladung am freien Strom mit wassergefährdenden Stoffen unmöglich. 2007 entstand ein neuer Betrieb, der sich auf die Produktion von Biodiesel spezialisiert hat.

Da der Regensburger Hafen über Gleislängen wie kaum ein anderer Bahnhof in Ostbayern verfügt, eröffnen sich neue Geschäftsfelder. Mit Ganz- oder Halbzügen bringt die Mitteldeutsche Eisenbahn GmbH mehrere Tausend Tonnen Zement aus dem brandenburgischen Rüdersdorf nach Regensburg. Hier erfolgt eine Verladung in Zementsilofahrzeuge, die Baustellen im gesamten süddeutschen Raum beliefern.

2007

SCHLACHTHOF

1886 beschloss der Magistrat der Stadt Regensburg die Errichtung eines neuen Schlachthofes zwischen der Straubinger Straße und der Donaulände. Der damals hochmoderne Betrieb entwickelte sich außergewöhnlich gut, so dass bereits Ende der 1890er Jahre weitere Stallungen für Nutz- und Kleinvieh errichtet wurden. 1900 folgten ein Kühlhaus und zu Beginn der 1920er Jahre weitere Viehmarkthallen und Einstellstallungen. Trotz dieser Investitionen wurde Ende der 1920er Jahre der gesamte Betrieb erneut überplant und es wurden weitere Großviehmarkthallen gebaut.

Das Luftbild aus dem Jahr 1956 dokumentiert letztlich den Zustand Ende der 1920er Jahre. Im Jahr 1956 wurden 82 000 Stück Groß- und Kleinvieh aufgetrieben und 70 000 Schlachtungen vorgenommen. Der Regensburger Schlachthof hatte damals als Schlachtviehgroßmarkt, Großschlachthof und Fleischgroßmarkt eine überregionale Bedeutung, die weit in den ostbayerischen Raum hineinreichte. Auf dem historischen Luftbild ist auch deutlich dokumentiert, dass damals Schlachtvieh per Bahn angeliefert wurde.

1956

Strukturelle Veränderungen auf dem Gebiet des Viehhandels, der Nutztierschlachtung sowie hygienischer und veterinärmedizinischer Anforderungen haben dazu geführt, dass der Schlachthof Regensburg in den 1990er Jahren seinen Betrieb nach gut 100 Jahren einstellen musste.

Teile der Anlage unterliegen heute dem Denkmalschutz. Das Gelände des Schlachthofs wurde an einen Investor veräußert, der den kompletten Bereich bis zu den Hafenbahnanlagen zu einem Wohn- und Gewerbegebiet entwickeln soll. Dieses so genannte „Marina-Quartier" steht unter dem Motto „Wohnen und Arbeiten am Wasser" und soll durch ein Marinabecken unmittelbar an der Donau ergänzt werden.

2008

DONAULÄNDE MIT NIBELUNGENBRÜCKE

Ende des 19. Jahrhunderts verlagerte sich der Schiffsumschlag von den mittelalterlichen Länden ober- und unterhalb der Steinernen Brücke aufgrund der dort beengten Verhältnisse weiter donauabwärts. 1891/92 errichtete das Königliche Straßen- und Flussbauamt östlich der Eisernen Brücke insgesamt 850 Meter Kaimauer und rund zehn Jahre später weitere 200 Meter. Parallel dazu wurden die Gleise für die Hafenbahn verlegt.

Die Aufnahme aus dem Jahre 1957 vermittelt einen Eindruck von der regen Betriebsamkeit am Donauufer. Vom Altstadtbereich unterhalb der Eisernen Brücke bis zur Linzer Straße liegen die Schleppkähne dicht gedrängt. Eine Reihe von Kränen besorgt den Güterumschlag zwischen Bahn und Schiff. Besonders deutlich wird die damalige Stellung der Hafeneisenbahn. Allein 1957 trafen im Hafenbahnhof über 3 000 Güterzüge mit rund 145 000 Waggons ein. Die Bahn transportierte damit über drei Millionen Tonnen Güter. Sechs Diesellokomotiven besorgten auf einer Gleislänge von knapp 45 Kilometern den Rangierbetrieb.

In der Bildmitte ist die Nibelungenbrücke erkennbar. Sie wurde 1938 dem Verkehr übergeben und entlastete damit die Steinerne Brücke, welche bis zu diesem Zeitpunkt der einzige Donauübergang im Stadtgebiet war. 1945 sprengten deutsche Truppen die Nibelungenbrücke, die erst fünf Jahre später ein zweites Mal dem Verkehr übergeben werden konnte.

1957

Der Strukturwandel im Verkehrsgewerbe und insbesondere der Rückgang des Güterverkehrs bei der Bahn haben sichtbare Spuren hinterlassen. Die Bedeutung der Donaulände ist deutlich geschrumpft. Die von der Bahn einst genutzten Areale dienen anderen Zwecken, wie zum Beispiel einem Betriebshof für Omnibusse. Das ehemalige BayWa-Lagerhaus am südlichen Kopf der Nibelungenbrücke ist inzwischen zum IT-Speicher mutiert, einem Gründerzentrum für innovative Unternehmen der Informationstechnologie. Unmittelbar an der Donau ist an der Stelle, auf der 2007 noch ein künstlicher Sandstrand aufgeschüttet war, die Errichtung einer Marina, also einer Anlegestelle für Motorboote, geplant.

In den Jahren 2001 bis 2004 wurde die Nibelungenbrücke neu gebaut, da die alte Stahlkonstruktion zunehmend Schäden aufwies. Die neue, zweiteilige Brücke führt sechsstreifig über die Donau, zwei Fahrspuren sind zur Förderung des öffentlichen Personennahverkehrs für Busse und Taxis reserviert. In das südliche Widerlager ist eine Quartiersgarage mit knapp 70 Stellplätzen integriert.

2007

MUSIKGYMNASIUM DER REGENSBURGER DOMSPATZEN

Eine kulturelle Institution Regensburgs, die den Namen der Stadt in alle Welt hinausträgt, ist der Chor der Regensburger Domspatzen. Bischof Wolfgang gründete 975 die zu St. Peter gehörige Domschule, eine zentrale Bildungsstätte für die gesamte Diözese und Mittelpunkt kirchlicher Studien und kirchlichen Wirkens. Domkapellmeister Theobald Schrems, der Mentor der Domspatzen moderner Prägung, stellte bereits seit Mitte der 1920er Jahre die Weichen für eine organisatorisch-strukturelle Erneuerung des Chores sowie für dessen neue pädagogisch-künstlerische Ausrichtung. Sichtbares Zeichen dieser Profilierung war der Bau des Musikgymnasiums in den Jahren von 1952 bis 1954 an der Reichsstraße. Nach den Plänen des Regensburger Architekten Hans Beckers entstand ein funktionaler Komplex in der Architektursprache seiner Zeit. Durch ihn wurden die räumlichen Voraussetzungen für den Chor, die Schule und das Internat geschaffen.

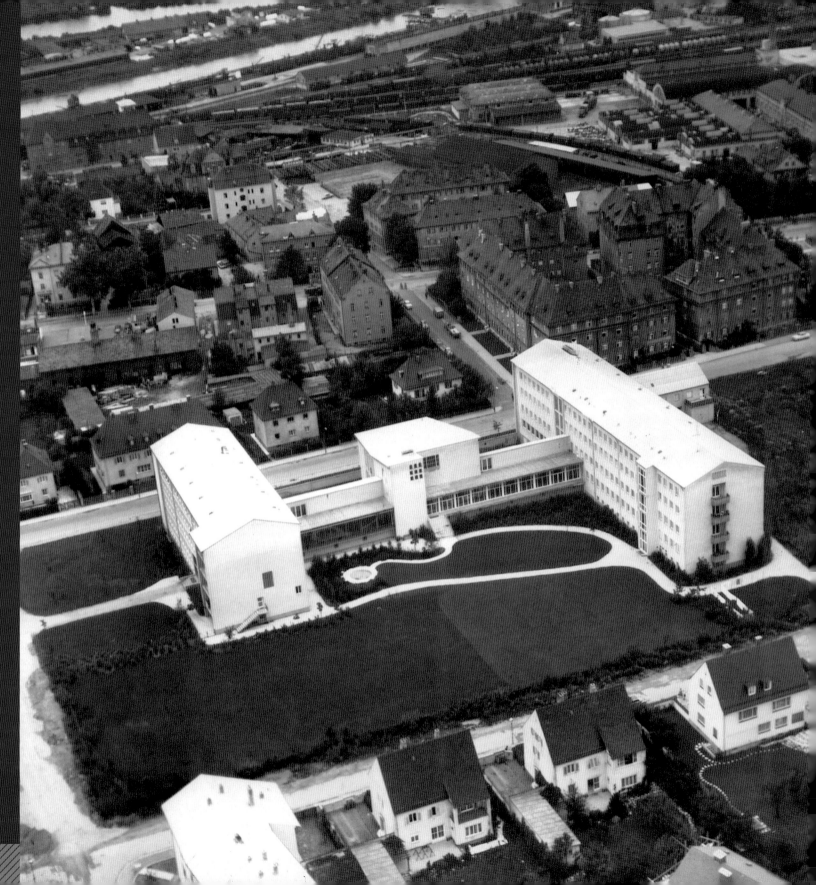

1956

Pädagogische Konzepte unterliegen permanenter Veränderung. Diese Erkenntnis dokumentiert das Luftbild aus dem Jahr 2007. Neue Funktionsbereiche für Schule und Internat wurden dem Stammgebäude angegliedert. Die steigende Zahl der Schüler machte weitere bauliche Erweiterungen erforderlich. 1978 folgte ein neuer Bautrakt im Süden des Areals. 450 Schüler besuchten damals das Gymnasium. 1997 war der so genannte „Rundbau" bezugsfertig und 2000/01 fand eine grundlegende Sanierung der zwischenzeitlich 50 Jahre alten Dompräbende statt. Der nächste Schritt wird bereits vorbereitet: Nach Plänen des Regensburger Architekten Joachim Peithner wird auch die Grundschule für die Domspatzen im Osten angedockt, so dass dann alles unter einem Dach untergebracht ist.

2007

N

STÄDTISCHES GASWERK, GREFLINGER STRASSE

Bereits 1857 entstand unweit der Alt-stadt an der Landshuter Straße ein erstes Gaswerk. 1909/10 errichtete die Stadt an der Greflinger Straße ein neues Gaswerk mit größeren Kapazi-täten. An diesem Standort konnte per Bahn die erforderliche Steinkohle zugeliefert werden. Das Werk ver-mochte jährlich rund fünf Millionen Kubikmeter Gas zu erzeugen. Wie das Luftbild von 1958 verdeutlicht, hatte das Gaswerk auch ästhetische Qualitäten. Locker gruppierte Bau-ten mit einer lebendigen Dachland-schaft – gleichsam dem Wohnungs-bau nachempfunden – schaffen kleine begrünte Plätze. 1965 stellte das Gaswerk seine Produktion ein. Erdgas ersetzte das stark schwefel-haltige Gas, welches aus Kohle ge-wonnen wurde.

Jenseits der Bahnlinie Regensburg – München/Passau ist das Leichtstein-werk LERAG, Josef Oppacher GmbH & Co. KG, erkennbar. Bereits seit 1922 wurden dort großformatige Leicht-betonsteine für Mauerwerk und Ge-schossdecken hergestellt, in Spitzen-jahren mehr als zwölf Millionen Stück.

1958

Vom früheren Gaswerk sind nur noch wenige Objekte vorhanden, unter anderem der direkt an der Bahnlinie stehende Scheibengasbehälter. Er ist als technisches Denkmal zwischenzeitlich in der Denkmalliste der Stadt Regensburg vermerkt. Westlich anschließend befindet sich seit 1980 der Sitz der Stadtwerke Regensburg (SWR) und der REWAG, dem regionalen Energie- und Wasserversorger, der sich zu 65 Prozent im Eigentum der Stadt Regensburg befindet.

Südlich der Bahnlinie sind die ehemaligen Fabrikationsanlagen des Leichtsteinwerks zu sehen. Nach dem Fachprogramm Wohnen II soll hier in den nächsten Jahren ein Wohngebiet entstehen, um der nach wie vor anhaltenden Nachfrage Rechnung zu tragen.

2008

ZUCKERFABRIK REGENSBURG, STRAUBINGER STRASSE

Die Zuckerfabrik Frankental, Fabrik Regensburg, wurde im Jahre 1899 als Bayerische Zuckerfabrik AG unter besonderer finanzieller Beteiligung des Hauses Thurn und Taxis gegründet. Mit der Ansiedlung des Werks bekam der Anbau von Zuckerrüben in der Region eine besondere Bedeutung. Die Landwirtschaft hatte nun neben dem Getreideanbau und der Viehhaltung ein weiteres Standbein. 1921 waren bereits 6 400 Tagwerk Ackerboden dem Anbau von Zuckerrüben vorbehalten. Im Werk selbst hatten damals während der Kampagne im Winterhalbjahr über 600 Menschen einen Arbeitsplatz.

1926 erfolgte der Zusammenschluss zur Süddeutschen Zucker AG, zu der neben dem Regensburger Werk die in Baden und Württemberg gelegenen Fabriken gehörten. Die Regensburger Zuckerfabrik erfuhr seither eine ständige Anpassung an die betriebstechnischen Erfordernisse. 1958 sind – im Bild deutlich erkennbar – besonders die Silotürme ein markantes Zeichen der Fabrik.

1968

2001 ist die Südzuckergruppe, die sich nach dem Ende des „Kalten Krieges" verstärkt in Osteuropa engagiert, der größte Zuckerproduzent in der Europäischen Union. Das Regensburger Werk war mit einer jährlich verarbeiteten Rübenmenge von knapp 700 000 Tonnen ein wichtiger Standort im Konzern. Der rund 150 Meter hohe, qualmende Schlot setzte zur Kampagnezeit ein Zeichen prosperierender industrieller Aktivität. Trotzdem wurde das Werk aus betriebswirtschaftlichen Gründen nach der Kampagne 2007 geschlossen. Damit endete die über 100-jährige Tradition der Zuckerproduktion in Regensburg. Der Turm wurde 2010 gesprengt. Lediglich ein kleiner Bereich des Fabrikgeländes wird noch zur Zuckerveredelung weiter genutzt.

Derzeit werden über einen städtebaulichen Rahmenplan und einen darauf aufbauenden Bebauungsplan die Weichen für die Zukunft des Areals gestellt. Angedacht ist eine Entwicklung, die in erster Linie durch Wohnungen, Bürogebäude und gewerbliche Bauten gekennzeichnet sein wird.

2007

TRIUMPH-WERK, AN DER IRLER HÖHE

Die 1886 gegründete Miederwaren-
fabrik Spießhofer & Braun aus Heu-
bach/Württemberg verlegte nach
1945 einen Teil ihrer Produktion nach
Regensburg in die Plato-Wild-Straße.
Die Expansion des Unternehmens in
den 1950er Jahren gab den Anlass zum
Bau eines völlig neuen Triumph-Wer-
kes in Regensburg. Auf sechs Hektar
Grund am südlichen Rand des Kleinen
Exerzierplatzes entstand eine neue
Fabrik, die bis zu 1 000 Frauen zu
Arbeit und Brot verhelfen sollte. Ab
1961 wurden in der damals größten
freitragenden Werkhalle Europas vor
allem Bademoden hergestellt. Ein eigener Hubschrauberlandeplatz stellte
die Verbindung zu den anderen Pro-
duktionsstandorten in Europa her.

Das Luftbild aus dem Jahre 1962 zeigt
ferner – westlich der neuen Fabrik –
die Reste des 1945 angelegten Kriegs-
gefangenen-, Arbeits- und Internie-
rungslagers. Nach Kriegsende 1945
waren auf dem Exerzierplatz einige
10 000 Kriegsgefangene auf freiem
Feld hinter Stacheldraht untergebracht. Im Sommer 1945 wurden Holz-
baracken errichtet, in denen etwa
9 000 ehemalige Nationalsozialisten
und SS-Angehörige auf ihre Gerichts-
verhandlung warteten oder Haft-
strafen absaßen. Ab 1948 wurde das
Lager schrittweise aufgelöst und
diente später als Flüchtlingswohn-
lager. Ab 1950 entstanden im Umfeld
des Lagers an der Deggendorfer
Straße auf Initiative der Bundesrepublik und des Freistaats Bayern die im
Bild dokumentierten Wohnbauten.

1962

1996 zog sich das Familienunternehmen Spießhofer & Braun, welches heute weltweit von der Schweiz aus operiert, aus Regensburg zurück. 1997/98 erwarb die businessPark-POLIS GmbH die Gebäude und Grundstücksflächen an der Irler Höhe. Bis zum Jahr 2007 wurden vier Bürokomplexe zusätzlich erstellt, ein fünfter ist im Jahr 2008 hinzugekommen. Charakteristisch ist die flexible Raumaufteilung, so dass Büroeinheiten zwischen 20 und 600 Quadratmetern angeboten werden können. Im Jahr 2008 waren etwa 1 200 Menschen im Business-Park beschäftigt, darunter viele als hoch qualifizierte Arbeitskräfte in Ingenieurbüros und Softwarefirmen. Hauptmieter ist mit über 70 Prozent der Flächen die Firma Continental.

Zum 1. Januar 2009 ging das Eigentum an die VIB Vermögen AG mit Sitz in Neuburg/Donau über. Auf der jetzt noch mit Pkws belegten Parkplatzfläche wird schon seit mehreren Jahren die Errichtung eines über 90 Meter hohen Büroturms, des so genannten „Ostenturms", diskutiert.

Auf dem ehemaligen Lagergelände steht inzwischen das Staatliche Berufliche Schulzentrum Regensburger Land mit den Schwerpunkten Land- und Hauswirtschaft sowie Kinderpflege.

2007

EHEMALIGE GEWEHRFABRIK, SIEMENSSTRASSE

Das Bild aus dem Jahr 1956 zeigt eines der ältesten Gewerbegebiete Regensburgs. Es liegt am östlichen Stadtrand, an der Grenze zur Gemeinde Irl. 1917, als der Erste Weltkrieg noch an allen Fronten tobte, hatte die Stadt im Sinne der Wirtschaftsförderung dem bayerischen Kriegsministerium angeboten, eine dringend benötigte Gewehrfabrik in Regensburg zu bauen.

Mit der Errichtung der Fertigungs- und Verwaltungsgebäude konnte jedoch erst im April 1918 begonnen werden – wenige Wochen vor Kriegsende. Die Fabrik war noch vor ihrer Fertigstellung überflüssig geworden. Die Rohbauten gelangten in den 1920er Jahren in Privatbesitz und wurden für andere gewerbliche Zwecke vollendet. Außer der Gewehrfabrik, in der nie ein Gewehr hergestellt wurde, befand sich auf dem Areal, am Rande des Exerzierplatzes, in den 1950er Jahren ein Werk von Siemens-Schuckert.

1956

Einen nachhaltigen Entwicklungsschub erhielt das Gewerbegebiet „Siemensstraße" in den 1990er Jahren. Im östlichen Bereich wurde systematisch ein Güterverkehrszentrum entwickelt, in dem sich zwischenzeitlich über 100 Unternehmen angesiedelt haben. Erkennbar sind auf der linken Bildhälfte z. B. die Gebäude einer Spedition, das Briefzentrum bis hin zum Frachtpostzentrum und die Anlagen für den kombinierten Ladungsverkehr am oberen Bildrand. Dieser am besten erschlossene Logistik-Standort in Ostbayern – am Schnittpunkt von Autobahn, Schiene und Wasserstraße – gehört zu den erfolgreichsten Güterverkehrszentren im Bundesgebiet.

2007

FIRMA SIEMENS-SCHUCKERT, SIEMENSSTRASSE

Im Jahre 1940 verlegte die Firma Siemens die Fertigung von Installationsmaterial kriegsbedingt von Berlin nach Hof an der Saale. Aufgrund der Nähe zur damaligen Zonengrenze, vor allem aber wegen Arbeitskräftemangel in der Region, erwies sich der oberfränkische Standort nach Kriegsende als nicht ideal.

1948/49 verlagerte Siemens die Produktion daher Zug um Zug nach Regensburg. Im Juni 1948 begannen 17 Frauen mit der Herstellung von Sicherungen in einem von Bomben zerstörten Gebäude an der Irler Höhe. Im September 1949 konnte Siemens das Gelände an der Irler Höhe, auf dem sich seit dem 19. Jahrhundert ein Exerzierplatz befand, für die Errichtung einer Produktionsstätte erwerben. 1957, zum Zeitpunkt der Aufnahme, waren bereits 1 600 Mitarbeiter im Werk tätig. Sie entwickelten und fertigten Systeme und Geräte für die elektrische Installationstechnik, wie beispielsweise Leitungsschutzschalter, Fehlerstromschutzschalter, Sicherungen, Schalter und Steckdosen sowie Einbaugeräte für Verteilungssysteme.

1957

Der Siemensstandort Regensburg stand in den letzten zehn Jahren im Zeichen des Umbruchs. Wie das Bild aus dem Jahr 2007 deutlich zeigt, entstanden weitläufige Forschungs- und Produktionseinheiten, die mittlerweile internationalen Ruf besitzen. Hierzu zählte insbesondere das Siemenswerk VDO Automotive AG, welches als Partner der Automobilindustrie zukunftsweisende Produkte entwickelte und fertigte.

Ende 2007 übernahm die Continental AG das Unternehmen. Damit einher ging auch ein Verlust an Arbeitsplätzen, die von 8 000 auf 6 500 Ende 2009 reduziert wurden. Regensbug ist jetzt Sitz der Continental Automotive GmbH.

2007

HARTING UND
BMW REGENSBURG

Der Ort findet erstmals im 9. Jahrhundert als Hartinga Erwähnung. Der Name geht wohl auf einen Harto zurück, ein Edelgeschlecht, das im Bereich Harting seinen Sitz hatte. Die Kirche St. Koloman, die in der Straßensiedlung einen Bezugspunkt bildet, ist romanischen Ursprungs.

1977, zum Zeitpunkt der Aufnahme, liegt Harting noch umgeben von ausgedehnten fruchtbaren Feldern. Auf dem Luftbild geht der Blick hinüber nach Süden zu den Nachbardörfern Ober- und Niedertraubling.

1977

Eine der wohl wichtigsten Entscheidungen in der Industriegeschichte Regensburgs ist im Jahr 1982 gefallen. Damals entschied sich der BMW-Vorstand, in Regensburg sein viertes Automobilwerk zu errichten. Die Stadt konnte unter zwölf Bewerbern den Zuschlag erhalten, weil es ihr letztlich gelang, dem Konzern die südlich von Harting gelegene Fläche von rund 140 Hektar zügig zur Verfügung zu stellen sowie die Baureifmachung des Grundstücks zu sichern. Insofern konnte auf altem Siedlungsboden mit den Bauarbeiten für das Werk begonnen werden. Im Zuge der Erschließung wurden umfangreiche archäologische Grabungen durchgeführt und eine Fülle von Befunden, ausgehend von der Jungsteinzeit bis hin zum frühen Mittelalter dokumentiert.

Die Grundsteinlegung erfolgte im April 1984, im November 1986 ging das Werk offiziell in Betrieb. BMW Regensburg entwickelte sich zu einem wirtschaftlichen Motor für die gesamte ostbayerische Region. Bis zum Jahr 2005 produzierte BMW Regensburg bereits drei Millionen Fahrzeuge. Im Jahr 2010 bietet das Regensburger BMW-Werk rund 9 000 Arbeitsplätze.

Auch der Ortsteil Harting hat sich in den letzten 30 Jahren kontinuierlich weiterentwickelt. Durch eine abgestimmte Bauleitplanung ist es gelungen, den ländlichen Charakter der bis 1977 selbstständigen Gemeinde zu bewahren.

2007

BURGWEINTING

Das im Jahr 1958 aufgenommene Bild zeigt den Blick über Burgweinting nach Nordosten. Die weiten, landwirtschaftlich genutzten Fluren des Donautals werden durchkreuzt von den Trassen der Eisenbahn und der Autobahn A 3, deren Bau in diesem Abschnitt 1942 kriegsbedingt unterbrochen worden war und seither ruhte.

Das Siedlungsbild von Burgweinting lässt zwei historisch gewachsene Bereiche erkennen: Das Straßendorf entlang der damaligen Bundesstraße B 15 und, östlich davon, den eigentlichen Ortskern mit seinen großen Bauernhöfen. Das Dorf liegt auf der Hochterrasse der Donau und ist von ertragreichen Lössböden umgeben. Im Zuge der archäologischen Ausgrabungen lassen sich Siedlungsspuren bis zum Beginn der Sesshaftwerdung und des Ackerbauerntums aus dem 6. Jahrtausend vor Christus nachweisen.

1958

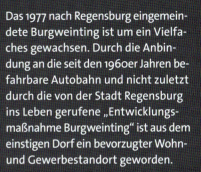

Das 1977 nach Regensburg eingemeindete Burgweinting ist um ein Vielfaches gewachsen. Durch die Anbindung an die seit den 1960er Jahren befahrbare Autobahn und nicht zuletzt durch die von der Stadt Regensburg ins Leben gerufene „Entwicklungsmaßnahme Burgweinting" ist aus dem einstigen Dorf ein bevorzugter Wohn- und Gewerbestandort geworden.

Im Vordergrund ist der 1991 bis 1995 geschaffene erste Bauabschnitt „Burgweinting-Südwest" mit seinen 1 200 Wohneinheiten zu erkennen. Östlich davon befindet sich das im Jahr 2000 eröffnete neue Stadtteilzentrum BUZ. Daran schließt sich, vom rechten Bildrand überschnitten, der Bereich „Burgweinting-Mitte" an, ein regionales Siedlungsprojekt der Expo 2000. Östlich der Bahntrasse ist das Gewerbegebiet „Burgweinting-Ost" entstanden, in dem im westlichen Teil bevorzugt Logistikbetriebe und östlich der Max-Planck-Straße eher technologieorientierte Unternehmen angesiedelt sind. Zu letzteren zählen z. B. die Franz Anton Niedermayr Graphische Kunstanstalt oder die AREVA T&D (Stromübertragung und -verteilung), die zwischenzeitlich in Alstom und Schneider Electric, zwei international führende Unternehmen im Energiebereich, aufgegangen ist.

2007

PÜRKELGUT

Die 1956 entstandene Aufnahme zeigt das Pürkelgut aus nördlicher Richtung. Vom 1848/49 erbauten Ökonomiehof führt eine Straße geradlinig auf den halbrund vorspringenden Mittelrisalit des barocken Schlosses zu. Dieses hatte sich der Regensburger Kaufmann Johann Jakob Pürkel 1728 von dem Linzer Baumeister Johann Michael Prunner als Wasserschloss errichten lassen. Ob als „Sanssouci der Reichstagsgesandten" (Schuegraf) oder als biedermeierliche Ausflugsgaststätte war das seit 1844 im Besitz der Fürsten von Thurn und Taxis befindliche Pürkelgut lange Zeit ein Ort kultivierter Gastlichkeit. Dieser Glanz war bereits in den 1950er Jahren verblichen.

1956

Das Pürkelgut ist zu einem Ort des Verfalls geworden. Die wuchernde Vegetation des einstigen Parks kaschiert den mittlerweile ruinösen Zustand des kleinen Schlosses. Dieses liegt wie ein verwunschener Ort zwischen modernen Verkehrswegen. Zwar wurde im Herbst 2001 eine Notsanierung durchgeführt und der Platz um das Schloss seitdem durch verschiedene Veranstaltungen, wie Schlossfest, Freiluftkino oder Mittelaltermärkte, wieder stärker ins Bewusstsein der Öffentlichkeit gerückt. Eine langfristige tragfähige Nutzung wurde bislang aber noch nicht gefunden.

2007

MERCEDES-BENZ-NIEDERLASSUNG REGENSBURG, LANDSHUTER STRASSE

Die Aktivitäten der Daimler AG, Niederlassung Regensburg, reichen bis in das Jahr 1906 zurück. Seitdem wurden an verschiedenen Standorten im Altstadtbereich Automobile dieses Herstellers verkauft und gewartet. 1947 zog die Verkaufsstelle Regensburg in Räume an der Prinz-Ludwig-Straße und firmierte in der Folge als Niederlassung Regensburg der Daimler Benz AG.

1951 erwarb das Unternehmen in unmittelbarer Nachbarschaft zur Bajuwarenkaserne ein Grundstück an der Landshuter Straße mit dem Ziel, ein modernes Kundenzentrum zu errichten. Am 19. Juli 1962 konnte die Eröffnung des neuen Betriebs an der Abzweigung der danach benannten Benzstraße gefeiert werden.

1962

Die zunehmende Typenvielfalt bei Mercedes führte dazu, dass im Jahr 1977 ein zirka 2,2 Hektar großes Areal im Bereich der westlichen Benzstraße erworben wurde, mit der Absicht, einen repräsentativen Vertriebsbereich zu entwickeln. 1981 konnte das neue Haus an der Benzstraße 23 eröffnet werden. Verwaltung, Service und Ersatzteilverkauf verblieben jedoch im Bereich des Komplexes aus dem Jahre 1962 an der Landshuter Straße.

Der südlich anschließende Bereich wurde 1972 und 1977 aus der damaligen Gemeinde Burgweinting umgegliedert. Entlang der Landshuter Straße siedelten sich Gewerbebetriebe an, hinter denen sich sehr heterogene Wohnungstypen herausbildeten, die von Bungalows bis zu Hochhäusern reichen.

Das am linken Bildrand noch sichtbare ehemalige Möbelhaus erfüllt die Anforderungen an die heutigen Ansprüche nicht mehr und ist seit einem Jahrzehnt verwaist.

2007

OMNIBUSBETRIEBSHOF DER
REGENSBURGER VERKEHRSBETRIEBE

1964 fuhr die Straßenbahn letztmals durch Regensburg. Die Entscheidung, den öffentlichen Personennahverkehr auf Busse umzustellen, war jedoch schon vorher gefallen, so dass 1964 bereits ein modernes Busdepot mit Einstellhalle und technischem Servicebereich an der Schwabenstraße (heute Bajuwarenstraße) entstand. Das Foto zeigt diese großzügige Anlage im Jahr 1968.

1968

1971 und 1973 musste der Betriebshof erweitert werden, da sich das Netz der städtischen Buslinien wesentlich vergrößert hatte. Im Jahr 2010 sind 47 Solobusse und 55 Gelenkbusse im Einsatz. Wie auf dem unteren Bildrand erkennbar, hat zwischenzeitlich auch eine Garnitur der ehemaligen Regensburger Straßenbahn auf dem Gelände einen Ehrenplatz gefunden. Nördlich des Betriebshofs hat die Deutsche Post in zwei Bauabschnitten (1969 und 1972/73) an der Bajuwarenstraße einen markanten Bau errichtet. Bis zur Privatisierung der Post war dort das Fernmeldeamt untergebracht.

2007

N

LANDSHUTER STRASSE MIT RAFFLER- UND BAJUWAREN-KASERNE

1936 konnte die Nachrichtenabteilung 10 der Deutschen Wehrmacht die neu errichteten Kasernenbauten an der östlichen Landshuter Straße beziehen. Die in den Bauplänen noch als Nachrichtenkaserne bezeichnete Einrichtung erhielt 1938 ihren bis heute geläufigen Namen: Sie wurde nach Ritter von Raffler benannt, der Angehöriger der königlich-bayerischen Nachrichtentruppe und Militär-Max-Joseph-Ordensritter des Ersten Weltkrieges war. Ab 1945 hatte die US-Militärverwaltung dort ihre zentralen Einrichtungen für Regensburg stationiert.

Südlich anschließend entstand in den Jahren 1936 bis 1938 die zweite Artilleriekaserne, heute Bajuwarenkaserne.

Im Bildvordergrund an der Landshuter Straße sind die in den frühen 1950er Jahren errichteten Wohngebäude für die Angehörigen der US-amerikanischen Streitkräfte erkennbar.

1958

Die Ende der 1990er Jahre politisch verfügte Reduzierung der Truppenstärke der Bundeswehr zeigt ihre Konsequenzen bereits auf dem Lufbild von 2007. Auf dem Gelände der einstigen Raffler-Kaserne entstanden in der letzten Dekade im Bereich der Alemannenstraße Geschosswohnungsbauten im sozialen Wohnungsbau. Auf dem Kasernengelände selbst haben sich Einrichtungen des Freistaats Bayern (Polizei, Staatliches Bauamt usw.) angesiedelt. Parallel zur Landshuter Straße entstand ein neues Parkhaus.

Während sich die Bajuwarenkaserne noch weitgehend mit ihrem ursprünglichen Gesicht zeigt, hat sich westlich anschließend an der Bajuwarenstraße ein Gewerbegebiet etabliert. Dort sind insbesondere der Betriebshof der Regensburger Verkehrsbetriebe und Verwaltungseinrichtungen der Deutschen Telekom zu sehen.

2007

KASERNEN AN DER LANDSHUTER STRASSE UND ZEISSSTRASSE

Mit der Wiederaufrüstung im Dritten Reich erlangte Regensburg als Garnisonsstadt eine besondere Bedeutung. Von 1935 bis 1938 entstanden beiderseits der Landshuter Straße weitläufige Kasernenanlagen. Auf dem Luftbild von 1958 sind im Vordergrund noch Teile der Pionierkaserne erkennbar.

Östlich davon schließt sich die Artilleriekaserne (später Prinz-Leopold-Kaserne) an, die anders als die Pionierkaserne im Zweiten Weltkrieg kaum zerstört wurde. In der Nachkriegszeit waren in Teilen dieser Bauten Flüchtlinge und Vertriebene einquartiert. 1956, ein Jahr nach Gründung der Bundeswehr, wurde die Kaserne dem Bund zurückgegeben.

1958

Auf dem Luftbild von 2007 lassen sich die im Stile der 1930er Jahre errichteten gleichförmigen Kasernenbauten mit dem Walmdach und den engen Reihen von Dachgauben im Umfeld der Zeißstraße noch gut ablesen. Das Ende der Garnisonsstadt Regensburg ist jedoch besiegelt. 1989 verließen die letzten amerikanischen Truppen ihre Unterkünfte an der Zeißstraße. Knapp 20 Jahre später führen die weltpolitische Lage und die neue strategische Ausrichtung der Bundeswehr zu einer Konzentration an wenigen Standorten in Deutschland. Regensburg ist auf dieser Landkarte nicht mehr verzeichnet und damit die Aufgabe einer jahrhundertelangen Tradition als Garnisonsstadt beschlossen. Bis Ende 2010 sind die meisten deutschen Truppenteile aus den Kasernen abgezogen. Die städtebauliche Neuordnung dieser attraktiven innerstädtischen Flächen wird eine der Hauptaufgaben der zukünftigen Stadtentwicklung sein.

2007

N

HAUPTBAHNHOF UND REGENSBURG ARCADEN

Das 1958 entstandene Foto zeigt den Regensburger Hauptbahnhof. Die Kriegsschäden an dem von 1888 bis 1892 errichteten Gebäude sind gerade einmal seit drei Jahren behoben. Mit den kräftig vortretenden Eckrisaliten korrespondieren östlich und westlich separate Flügelbauten, die den Bahnhofsvorplatz seitlich einfassen. Auch funktional sind diese von Bundesbahn und Bundespost genutzten Bauten dem Bahnhof zugeordnet.

Das Gelände südlich der Gleisanlagen ist lediglich östlich der Auffahrt zur Galgenbergbrücke mit einer seit der Gründerzeit gewachsenen Wohnbebauung versehen. Die von der VW-Niederlassung Hartl und vor allem von der Bundesbahn selbst genutzten Flächen westlich der Brückenrampe werden mit ihren Hallen und großen Freiflächen als städtebauliche Brache empfunden.

1958

Während das Bahnhofsgebäude selbst äußerlich nahezu unverändert geblieben ist, hat das bauliche Umfeld sein Gesicht gewandelt. So wurde durch den 1991 nach Plänen von Ackermann und Partner (München) ausgeführten 218 Meter langen Neubau des Postgebäudes in der Bahnhofstraße 16 dessen einst pendanthafter Bezug zum Haus Bahnhofstraße 20 aufgegeben.

Südlich der Gleisanlagen entstanden nach einem Multiplex-Kino im Jahr 1998 ab 2000 die so genannten Regensburg Arcaden. Dieses Einkaufszentrum mit rund 23 000 Quadratmetern Verkaufsfläche stellt eine Ergänzung des innerstädtischen Einzelhandelsangebots dar. Es ist durch einen Steg über die Gleisanlagen mit dem Hauptbahnhof und der Altstadt verbunden.

Südlich anschließend wurde der ehemalige Posthof mit Bürogebäuden im Innenhof verdichtet. Auf dem Gelände des früheren Autohauses Wollenschläger sind die Bagger angerückt und bereiten den Boden für eine attraktive Wohnanlage vor.

2007

KREUZUNG GALGENBERGSTRASSE/ FURTMAYRSTRASSE

Das Luftbild von 1956 zeigt die Furtmayrstraße und deren Einmündung
in die Galgenbergstraße. Südlich parallel zur Bahnlinie verläuft die Zollerstraße, an der private Bauherrn Ende
des 19. Jahrhunderts Mietshäuser für
gehobene Ansprüche errichtet hatten.
Auch an der – 1893 bis zur Landshuter
Straße verlängerten – Furtmayrstraße
waren damals repräsentative Bauten
entstanden. Nordöstlich der Kreuzung
liegt der Betrieb der 1926 gegründeten Firma Reifen Sellmayr, die sich
vor dem Hintergrund der allgemeinen Motorisierung auf den Handel
mit Autoreifen und auf Vulkanisie-
rung spezialisiert hatte. Nördlich
davon erstreckt sich das Areal der
Gärtnerei Trede.

1956

Einer zukunftsorientierten Verkehrsplanung geschuldet, hat sich der
Kreuzungsbereich an der Galgenbergbrücke insbesondere in den Jahren
um die Jahrtausendwende massiv
verändert. Die Galgenbergbrücke,
die 1994 im Zuge der Privatisierung
der Bahn an die Stadt fiel, wurde mit
den Anschlussrampen in den Jahren
2001 bis 2003 neu gebaut. Westlich
davon sind am Bildrand noch Teile
des Multiplex-Kinos erkennbar. Die
Furtmayrstraße wurde ebenso wie
die westlich anschließende Friedenstraße als wesentlicher Bestandteil
des innerstädtischen Tangentenvier-
ecks aufgeweitet.

Auf dem Areal der einstigen Gärtnerei entstanden Wohn-, Hotel- und
Bürogebäude. Erhalten geblieben ist
jedoch die gründerzeitliche Wohnbebauung an der Zollerstraße und
südlich der Furtmayrstraße.

2007

N

FURTMAYR- UND HERMANN-GEIB-STRASSE

Die Wohnungsnot in den großen Städten war eines der drängenden sozialpolitischen Themen im Deutschland des 20. Jahrhunderts. Nach dem Ende des Ersten Weltkriegs schätzte der Deutsche Städtetag das Defizit an Wohnungen auf etwa 800 000. Erst ab 1924, nach der wirtschaftlichen Konsolidierung des Landes, war Wohnungsbau wieder in bescheidenem Umfang möglich. Private Investoren waren jedoch mangels entsprechender Rendite nicht in der Lage, sich im Wohnungsbau zu engagieren. Daher musste die öffentliche Hand als Bauherr einspringen, vor allem die Gemeinden und später die gemeinnützigen Wohnungsbauunternehmen und Genossenschaften.

1925/26 gab die Stadt Regensburg den Auftrag zur Errichtung der Geschosswohnungsbauten Furtmayrstraße 29 bis 37 und Hermann-Geib-Straße 7 bis 13. Letztere besaßen 1958, im Jahr der Aufnahme, noch ihre Vorgärten nach Westen. Trotz großer Anstrengungen seitens der Stadt, der Baugenossenschaften und der Wohnbauvereine konnte die Wohnungsnot in den 1920er Jahren nicht behoben werden. 1936 und abermals 1950 bis 1953 folgten weitere Wohnungsbauten in dem Areal.

1958

Wenngleich in Regensburg die Wohnungsnot nicht mehr wie nach dem Ende der beiden Weltkriege eine existenzielle Bedrohung für die Bürger darstellt, ist insbesondere bezahlbarer Wohnraum nach wie vor gefragt. Die Geschosswohnungsbauten an der Furtmayrstraße und Hermann-Geib-Straße sind mittlerweile in die Jahre gekommen. Gleichwohl haben die Eigentümer gerade in jüngerer Vergangenheit große Anstrengungen unternommen, die Substanz zu erhalten und den Wohnraum an die heutigen Bedürfnisse anzupassen.

Nahezu unverändert präsentieren sich auch die beiden Kirchen im Gebiet, die gleichzeitig Standortkirchen der Bundeswehr sind: Die katholische Pfarrkirche St. Anton, die 1927/28 erbaut wurde und mit ihrem hohen Turm und ihrer quaderimitierenden Kalksteinplattenverkleidung die Kreuzung Furtmayr-/Hermann-Geib-Straße beherrscht. Ihr folgte 1953/54 als evangelisches Pendant die Matthäus-Kirche in der Graf-Spee-Straße, eine typische Gesamtanlage mit Kirchenraum und Gemeindesaal unter einem Dach, die als Symbol des neuen protestantischen Kirchenbaus im östlichen Bayern angesehen wird.

2007

BRAHMSSTRASSE UND
CARL-MARIA-VON-WEBER-STRASSE

1961 errichtete das Kollegiatstift „Unsere Liebe Frau zur Alten Kapelle" auf einem Grundstück nördlich der Nibelungenkaserne (heute Carl-Maria-von-Weber-Straße) eine Reihe von Geschossbauten mit 122 Wohnungen und 29 Reihenhäuser. Der auch mit öffentlichen Mitteln geschaffene Wohnraum diente damals in erster Linie zur Unterbringung von öffentlich Bediensteten bzw. Angehörigen der Bundeswehr. Das Investment war letztendlich aber erst durch den Einsatz eigener Mittel des Stifts möglich, die aus dem Verkauf von Liegenschaften stammten, die das 1 000-jährige Stift im weiteren Umfeld von Regensburg besitzt. Der umfangreiche Immobilienbesitz dient seit jeher zur wirtschaftlichen Absicherung des Stifts und damit auch der Alten Kapelle.

1962

Das 2007 erstellte Luftbild zeigt anschaulich, wie sich die städtebauliche Struktur und die Durchgrünung zu einem attraktiven Wohnumfeld verbunden haben. Um die Substanz und die Wohnqualität in diesem auch als „Musikerviertel" bezeichneten Stadtteil nachhaltig abzusichern, hat das Stift Häuser und Wohnungen in den letzten Jahren grundlegend saniert. Westlich der Wohnanlage errichtete in späteren Jahren die Evangelische Wohltätigkeitsstiftung ebenfalls Wohnbauten. Auch sie wurden zwischenzeitlich renoviert und vor allem unter energetischen Gesichtspunkten auf den neuesten technischen Stand gebracht.

Die südlich an die Wohnbebauung angrenzende Freifläche wurde jahrzehntelang für den so genannten „Burgunderring" reserviert, dessen Vollendung als innerstädtische Tangentialverbindung in der Zwischenzeit aber nicht mehr weiterverfolgt wird.

2007

UNTERISLINGER WEG
UND NIBELUNGENKASERNE

Am Unterislinger Weg hat sich Ende der 1950er Jahre – wie in der unteren Bildhälfte erkennbar – in ehemaligen landwirtschaftlichen Gebäuden ein Fuhr- und Speditionsunternehmen etabliert.

In der oberen Bildhälfte sind die weitläufigen Anlagen der Nibelungenkaserne erkennbar. Von 1939 bis 1941 entstand diese Kasernenanlage für die Flugabwehr nach einem damals innovativen städtebaulichen und funktionalen Konzept. Deutlich sind auf dem Luftbild noch die Bombenschäden im Bereich der östlichen Flügelbauten erkennbar, die erst Ende der 1950er Jahre behoben wurden. Nach 1945 bezogen amerikanische Truppen die damals moderne Kaserne und tauften sie in „Fort Skelly" um. Ende 1964 räumten die US-Truppen die Kaserne und übergaben sie der deutschen Wehrbereichsverwaltung.

1958

40 Jahre nach ihrer Einweihung präsentiert sich die Universität, nicht zuletzt durch die landschaftsarchitektonische Gestaltung der Freiflächen, als ein organisch in seine stadträumliche Umgebung hineingewachsener Gebäudekomplex. Im Süden, d. h. am rechten Bildrand, verläuft in leichtem Bogen die nach dem „Vater" der Universität Regensburg benannte Josef-Engert-Straße.

In der Bildmitte heben sich die beiden Gebäude des Bioparks, die 2001 bzw. 2006 errichtet worden sind, etwas von ihrer Umgebung ab. Diese Multifunktionsgebäude bieten hochwertige Labor-, Büro- und Lagerflächen für Firmen und Institute aus den Bereichen Biotechnologie, Medizintechnik und verbundenen Dienstleistungen. 2011 soll der Biopark III errichtet werden.

Das Gebiet an der Humboldtstraße ist im letzten Jahrzehnt unter Einsatz von öffentlichen Fördermitteln im Rahmen der „Sozialen Stadt" umfassend ökologisch modernisiert worden.

2007

KARTHAUS-PRÜLL

Im Jahr der Aufnahme ließ das ehemalige Benediktiner- und spätere Karthäuserkloster Prüll noch seine einstmals isolierte Lage weit vor der Stadt erahnen. Erst durch die in den späten 1920er Jahren entstandene Bebauung entlang der Karthauser Straße und das ab 1936 weiter westlich angelegte „Göringheim" (heute Ganghofersiedlung) war das 1904 eingemeindete Karthaus-Prüll allmählich dem Regensburger Siedlungskörper einverleibt worden.

Das 1852 in den säkularisierten Klostergebäuden eingerichtete und ab 1867 kontinuierlich erweiterte Nervenkrankenhaus ließ 1958 im Kern bereits die Anlage des heutigen Bezirksklinikums Regensburg erkennen. Die dahinter, etwa in Bildmitte, verlaufende Eisbuckelstraße entspricht der heutigen Universitätsstraße.

1958

Die Aufnahme dokumentiert die bauliche Verdichtung, die in den letzten 50 Jahren um Karthaus-Prüll stattgefunden hat. Ausgelöst durch die im Osten entstandene Universität kam es entlang der im Norden um den einstigen Klosterbereich führenden Ludwig-Thoma-Straße zu intensiver Bautätigkeit: 1973 entstand das Thomaheim, das nach seiner Erweiterung 1976 heute 278 Studierenden Platz bietet. Östlich anschließend wurden in der zweiten Hälfte der 1980er Jahre zahlreiche Kleinwohnungen in Blöcken geschaffen, denen der einst vierflügelige Ökonomiehof der Kartause weitgehend zum Opfer gefallen ist. Erhalten geblieben ist lediglich der im Kern auf das 16. Jahrhundert zurückgehende Südflügel.

2007

BUNDESAUTOBAHN A 3
UND UNIVERSITÄTSGELÄNDE

Als in den 1920er Jahren ein Vorent-
wurf zu einem Kraftwagenstraßen-
netz Deutschlands entwickelt wurde,
wurde der Verbindung von Frankfurt
in den ostbayerischen Raum eine besondere Dringlichkeit beigemessen.
Ab 1937 erfolgte die Planung für die
Strecke Nürnberg – Regensburg – Passau. 1939 begann der Bau zwischen
Regensburg und Wörth, der jedoch
drei Jahre später kriegsbedingt wieder eingestellt werden musste. 1958
konnten die Planungen wieder aufgenommen werden, wobei die Trasse
angesichts des getätigten Grunder-
werbs und der durchgeführten Erd-
arbeiten im Wesentlichen beibehal-
ten wurde.

Das Luftbild von 1971 zeigt anschaulich, dass damals der Süden von
Regensburg noch weiträumig umfahren wurde. Nördlich der Autobahn sind Teile der Universität im
Entstehen begriffen. Direkt an der
Autobahn ist gerade das Sportzen-
trum im Bau, weiter im Norden die
Gebäude für die naturwissenschaftlichen Fakultäten.

1971

Die Stadt hat mittlerweile die Autobahn erreicht. Darüber hinaus haben sich südlich davon mit dem Universitätsklinikum weitere Funktionsbereiche der Universität etabliert. Die Verkehrsbelastung auf der Bundesfernstraße hat sich vervielfacht, mit einer Frequenzerhöhung ist weiterhin zu rechnen. Südlich der Autobahn hat die Stadt mit der Franz-Josef-Strauß-Allee bereits einen „Bypass" errichtet. Die Autobahn A 3 soll im Stadtbereich von Regensburg mit einer weiteren Fahrspur noch leistungsfähiger ausgebaut werden.

Auch der Ortsteil Neuprüll hat sich im Zuge der Universitätsansiedlung gewandelt. Auf einer Kuppe thront heute das Oberpfalzwohnheim mit knapp 300 Appartements für Studierende.

2007

OBERISLING

Zwischen dem Ziegetsberg und den Höhen von Hohengebraching öffnet sich nach Osten hin die so genannte Grasser Mulde. An ihrem Südhang liegt die Siedlung Oberisling, deren urkundliche Erwähnung ins 11. Jahrhundert zurückreicht.

Die Fluren um Oberisling gehörten damals dem Kloster St. Emmeram, welches wohl an den Hängen Wein anbauen ließ. Die Herrschaftsverhältnisse änderten sich erst nach der Säkularisation zu Beginn des 19. Jahrhunderts. 1910 kam Oberisling zum Bezirksamt Stadtamhof.

Das Luftbild aus dem Jahre 1958 zeigt sehr deutlich den dörflichen Charakter Oberislings. Die Anlage der Kirche dürfte wohl auf das 14. Jahrhundert zurückgehen.

1958

Die Nähe zur Stadt und die attraktive Lage Oberislings als Wohnort haben in den letzten Jahrzehnten zu einer nachhaltigen Veränderung der dörflichen Struktur geführt. Die Ausweisung von Baugebieten hatte aber bereits vor 1977 begonnen, dem Jahr der Eingemeindung nach Regensburg.

Es ist die Aufgabe einer behutsamen Stadtentwicklung, darauf zu achten, dass die Ortsteile in der Grasser Mulde – Graß, Leoprechting und Oberisling – die heute bereits über 6 000 Einwohner beherbergen, stadträumlich nicht verschmelzen, sondern eine gewisse Eigenständigkeit bewahren.

2007

N

ZIEGETSDORF,
BLICK NACH WESTEN

Ende der 1950er Jahre ist Ziegetsdorf noch von Feldern und Wiesen umgeben. In der Bildmitte ist die Augsburger Straße zu sehen, entlang derer bereits einige Wohnhäuser mit weitläufigen Gärten entstanden sind. Weiter westlich davon befinden sich bäuerliche Gehöfte an der Hadamarstraße. Nach Südwesten geht der freie Blick über die Höhenzüge bis nach Sinzing.

1957

2007 zeigt der Stadtteil ein völlig anderes Bild: Vor allem in den 1970er und 1980er Jahren setzte in Ziegetsdorf eine rege Bautätigkeit ein. Einfamilienhäuser und Wohnblocks prägen das neue Quartier.

Als 1967 die Universität Regensburg den Lehrbetrieb aufnahm, ergaben sich auch neue Anforderungen für den Regensburger Wohnungsmarkt. Vor allem musste den nach Regensburg kommenden Studierenden Wohnraum – möglichst in Nähe der Alma Mater – angeboten werden. Ziegetsdorf war hierfür ein geeigneter Standort. In der Bildmitte verleiht das in drei Blöcke gegliederte Studentenwohnheim „Erzbischof Buchberger" am Weiherweg dem Quartier eine besondere Note.

2007

N

ZIEGETSDORF, BLICK NACH NORDOSTEN

1805 überließ der damalige Regensburger Landesherr, Kurerzkanzler Carl von Dalberg, siedlungswilligen Taglöhnern eine rund 40 Hektar große Fläche auf dem Ziegetsberg. Das Areal lag westlich der heutigen Augsburger Straße und war mit Föhren bewachsen. Die Neusiedler kultivierten die Fluren und wandelten sie in Ackerland um.

Parallel zur Augsburger Straße, einer seit der Römerzeit nachweisbaren Straßenverbindung nach Augsburg bzw. München, entwickelte sich in den 1920er und 1930er Jahren eine straßenbegleitende Wohnbebauung. 1931/32 bauten die Ziegetsdorfer nach Plänen von Georg Berlinger eine dem heiligen Josef geweihte Kirche. 1938 wurde die Gemeinde Ziegetsdorf mit ihren 500 Einwohnern und einer Fläche von 52 Hektar zur Stadt Regensburg eingemeindet.

1938

Zwischen beiden Aufnahmen liegen 70 Jahre. Ziegetsdorf ist im heutigen Stadtgrundriss aufgegangen. Die Orientierung bietet wieder einmal ein Kirchenbau. Er liegt heute – genauso wie vor 70 Jahren – am Rande der Siedlung am Übergang zur freien Landschaft. Das 1956 nach Westen erweiterte Langhaus setzt sich durch die höhere Firsthöhe deutlich ab. 1966 bekam Ziegetsdorf mit dem 141 Meter hohen Fernsehturm ein neues markantes Wahrzeichen.

Auf dem Friedhof am rechten Bildrand befindet sich das Familiengrab der Familie Ratzinger, in dem die Eltern und die Schwester von Papst Benedikt XVI. ihre letzte Ruhe gefunden haben.

2008

AUTOBAHNKREUZ REGENSBURG

Das Autobahnkreuz Regensburg verknüpft die Bundesautobahn A 3 (Nürnberg – Passau) mit der Bundesautobahn A 93 (München – Weiden). Der Autobahnbau erreichte den Raum Regensburg erst relativ spät. Bereits Ende der 1930er Jahre wurde die Trasse der Autobahn nach Passau zwischen dem Ziegetsberg und Wörth/Donau geplant, und Widerlager sowie Pfeiler für Brücken entstanden. Dennoch dauerte es bis in die 1960er Jahre, bis erste Teilabschnitte dem Verkehr übergeben werden konnten.

Die erste Freigabe betraf die Strecke Pollenried – Rosenhof zusammen mit der Sinzinger Autobahnbrücke. Die Brücke war ab 1965 befahrbar und entlastete damit die Stadt vom Durchgangsverkehr auf der Route von Nürnberg nach Passau. Ab 1967 wurden Teilabschnitte der so genannten Westumgehung fertiggestellt. 1971 war die Strecke vom Regensburger Kreuz bis zum Anschlussknoten Regensburg-Pfaffenstein befahrbar. 1977 folgten schließlich der Pfaffensteiner Tunnel und der Knoten Regensburg-Nord.

Das Luftbild von 1971 zeigt ferner weitere Ansätze einer Bebauung im Bereich der Boelckestraße und der Erzbischof-Buchberger-Allee.

1971

256

Dem Autobahnkreuz Regensburg ist eine gewisse Ästhetik nicht abzusprechen. Die von den Verkehrsplanern festgelegten Kurvenradien und das Verkehrsbegleitgrün lassen Planung und Funktionalität erkennen. Beide Autobahnen haben aufgrund der fortschreitenden Motorisierung und der neu entstandenen Wirtschaftsräume im Osten und Norden erheblich an Bedeutung gewonnen. Die Autobahn A 93 verbindet nun die neuen Bundesländer in Mitteldeutschland mit dem Süden. Die Autobahn A 3 ist eine der Hauptmagistralen im Straßenverkehr zwischen dem Westen und dem Südosten Europas.

Die ergänzende Bebauung Ziegetsdorfs zwischen dem Autobahnkreuz und Königswiesen Süd geht auf einen Bebauungsplan aus dem Jahr 1969 zurück. Dieser sieht neben Wohngebäuden auch eine Dauerkleingartenanlage und Studentenwohnheime vor.

2008

GANGHOFERSIEDLUNG, EHEMALS GÖRINGHEIM

Von 1937 bis 1943 errichtete die Bayerische Heimstätte GmbH, Treuhandstelle für Wohnungs- und Kleinsiedlungswesen, zwischen Kumpfmühl und Ziegetsdorf einen Stadtteil namens Göringheim mit rund 1 100 Wohnungen. Die Entscheidung für den Bau dieser Großsiedlung war gefallen, nachdem die Bayerische Flugzeugwerke AG (BFW) die Errichtung eines Zweigwerks in Regensburg beschlossen hatte.

Das städtebauliche Konzept erarbeitete das Stadtbauamt, Abteilung Stadterweiterung. Bezogen wurde die Siedlung vor allem von Facharbeitern der Messerschmitt GmbH, der Rechtsnachfolgerin der BFW.

Das Luftbild aus dem Jahre 1938 zeigt den neuen Stadtteil nach Fertigstellung des ersten Bauabschnitts. Die auf freier Flur errichtete Siedlung endet im Osten noch an der heutigen Theodor-Storm-Straße, während nach Südwesten hin das Quartier bereits an der Boelckestraße seinen Abschluss gefunden hat.

1938

Das Luftbild aus dem Jahre 2007 dokumentiert, dass die Ganghofersiedlung noch immer ein klar ablesbarer Teil einer städtebaulichen Idee im Süden Regensburgs ist. Am unteren Bildrand ist die St.-Wolfgangs-Schule mit den Sportanlagen zu erkennen sowie nach Süden hin der nach 1938 errichtete zweite Bauabschnitt. Eine deutliche Zäsur bildet im Norden der Siedlung der in den späten 1960er Jahren geschaffene Autobahnzubringer.

Aufgrund der besonderen städtebaulichen Wertigkeit und der relativ unverfälschten Überlieferung der städtebaulichen Konzeption hat der Landesdenkmalrat im Jahr 1998 beschlossen, die Siedlung unter Ensembleschutz zu stellen. Seit 2004 ermöglicht ein Bebauungsplan den Abriss einzelner Gebäude in Randbereichen. Außerdem sind behutsame Anbauten zur Erweiterung der Wohnflächen möglich, um den Erfordernissen der heutigen Zeit Rechnung tragen zu können.

2007

N

KÖNIGSWIESEN SÜD

Die wirtschaftliche Prosperität Regensburgs im letzten Quartal des 20. Jahrhunderts hatte zur Folge, dass der Bedarf an Wohnraum sowohl im Geschosswohnungsbau als auch im Einfamilienhausbau zunahm. Außerdem war zu Beginn der 1970er Jahre verstärkt die Abwanderung junger Familien ins Umland zu beobachten. Um auch dieser Suburbanisierung entgegen zu wirken, beschloss die Stadt, Anreize und Möglichkeiten zu schaffen, um Bauwillige und Wohnungssuchende im Stadtgebiet zu halten.

Ein geschlossenes Areal von rund 40 Hektar Fläche, das südlich des Stadtteils Königswiesen Nord und des Autobahnzubringers liegt und sich in städtischem Besitz befand, bot sich zur Überplanung und Ausweisung von Bauparzellen an. 1980 lobte die Stadt einen städtebaulichen Wettbewerb aus, wobei der preisgekrönte Entwurf des Münchner Büros Topos in einen Bebauungsplan überführt wurde. Zum Zeitpunkt der Aufnahme im Jahr 1983 begannen die ersten Arbeiten zum Bau des Straßen- und Wegenetzes.

1983

Nach rund zehn Jahren war „Königswiesen Süd" bebaut. Insgesamt entstanden rund 1 200 Wohneinheiten,
in einer differenzierten Struktur von
Einfamilienhäusern, Ketten- und
Reihenhäusern sowie Geschosswohnungsbauten. Diese gruppieren sich
radial um einen zentralen Park und
schirmen sich dadurch von den um-
liegenden, überregionalen Straßen-
achsen ab. Es entstanden intime
Hofbereiche und durchgrünte Zwi-
schenzonen, die dem Fußgänger vorbehalten sind. Die konsequente Zu-
rückdrängung des Individualverkehrs
zugunsten von Fußwegbeziehungen
und des Fahrradverkehrs entsprach
der Planungsphilosophie der 1980er
Jahre.

Einen wesentlichen Beitrag zur
hohen Wohn- und Lebensqualität
leistet der attraktive Georg-Hege-
nauer-Park mit seinen ausgedehnten Grün- und Wasserflächen, der
zudem einen schönen Blick auf die
Altstadt gewährt.

2007

KÖNIGSWIESEN NORD

Erstmals genannt wird Königswiesen schon 1224, als Ludwig der Kelheimer den Besitz dem Kloster Prüfening schenkte. Das landwirtschaftliche Gut Königswiesen umfasste zum Ende des 19. Jahrhunderts rund 150 Hektar Fläche und gehörte ab 1900 dem Freiherrn von Zuylen.

Die damals größtenteils auf dem Gemeindegebiet von Dechbetten liegenden Grundstücke wurden 1937 von der Stadt Regensburg mit dem Ziel erworben, entsprechende Entwicklungsmöglichkeiten für den zukünftigen Wohnungsbau zu haben. Der Zweite Weltkrieg verhinderte jedoch die weiteren Planungen, so dass die landwirtschaftlichen Flächen wieder verpachtet wurden. 1964 fand die letzte Ernte statt.

Ab 1969 stellte die Stadt unter dem Begriff Königswiesen Nord für das Gebiet verschiedene Bebauungspläne auf. Im Rahmen eines großen Wohnbauprogramms sollte das Gelände in städtebaulich markanter Weise bebaut werden. Das Bilddokument von 1971 zeigt die ersten Erschließungsmaßnahmen nördlich der noch vorhandenen Gebäude des Guts. Für die Friedrich-Ebert-Straße wird die Trasse bereits planiert.

1971

Etwa 1975 war die Bebauung von Königswiesen Nord im Wesentlichen abgeschlossen. Das städtebauliche Leitbild der 1960er und 1970er Jahre mit dem Motto „Urbanität durch Dichte" wurde umgesetzt. Als Bauträger fungierte damals die Neue Heimat, Gemeinnützige Wohnungs- und Siedlungsgesellschaft mbH. Innerhalb von nur drei Jahren entstanden in 118 Gebäuden über 2 300 Wohnungen. Fünf 16-stöckige Hochhäuser wurden exponiert auf eine Kuppe gesetzt, um dieser städtebaulichen Dominante Ausdruck zu verleihen. Zur Deckung der Grundbedürfnisse wurde an der Stelle des früheren Gutshofes ein Nahversorgungszentrum errichtet.

Im Süden des Gebiets hat sich mit dem Königswiesenpark ein letzter Rest des Guts Königswiesen erhalten. Vom alten Gutshof stammt ferner eine barocke Statue des heiligen Johannes von Nepomuk, die ab 1977 an der Friedrich-Ebert-Straße einen neuen Standort erhalten hat.

DECHBETTEN

Das Luftbild aus dem Jahre 1957 lässt noch erahnen, was den Regensburger Chronisten Schuegraf berührte, als er den idyllisch gelegenen Ort als bevorzugtes Ziel vieler Regensburger an heißen Sommersonntagen beschrieb. In Gaststätten gab es kühles Bier, die benachbarte Wallfahrtskirche Mariae Himmelfahrt bot sich für die innere Einkehr an. Die Hänge um Dechbetten waren für Ausflüge bestens geeignet. Gleichwohl wurde diese Idylle bereits ab der Jahrhundertwende durch die Ansiedlung einer Ringofenziegelei beeinträchtigt. Das Bild gibt ferner den Blick frei auf den fürstlichen Rennplatz bis hinüber zu den ersten Häusern von Großprüfening.

1957

50 Jahre später fällt dem Betrachter zunächst die Orientierung schwer. Erst die Wallfahrtskirche bietet einen Anhaltspunkt. Zusammen mit wenigen Häusern hat sie die letzten Jahrzehnte überdauert. Im Ortskern haben die 1970er Jahre mit einigen Wohngebäuden mit Flachdach Spuren hinterlassen. Ansonsten wirkt Dechbetten wie eine Insel, umgeben von Autobahn und Anschlussstraßen. Die Mobilität unserer Tage fordert manchmal einen hohen Preis.

Nördlich und westlich von Dechbetten entstanden bereits ab den 1970er Jahren erste Bürogebäude und Gewerbeeinheiten an der Prüfeninger Schloßstraße. Entlang des Straßenzugs „An der Brunnstube" wurden in den letzten Jahren kompakte Wohnsiedlungen errichtet. Auch die am linken Bildrand noch sichtbaren Ackerflächen werden in der Zwischenzeit wie der benachbarte Dechbettener Weinberg mit Eigenheimen bebaut.

2007

ZIEGELEI MAYER & REINHARD, DECHBETTEN

Auf Flurstücken der Gemarkung Dechbetten, bis 1938 eine eigenständige Gemeinde mit 290 Hektar Fläche und 473 Einwohnern, errichtete die Firma Mayer & Reinhard 1898 ein „Tonwerk". 1906 wurde der Betrieb bedeutend erweitert und für die Produktion dünnwandiger Hohlziegel, die in Deckenkonstruktionen Verwendung fanden, eingerichtet. Die so genannte „Hourdis-Decke" war ein spezielles Bauprodukt, das in ganz Deutschland nachgefragt wurde. Der Abbau von Ton fand in der nahen, südwestlich des Betriebs gelegenen Tongrube statt. Nachdem im Umfeld der Grube noch Braunkohle vorkam, konnte ein poröser Lochstein hergestellt werden, der durch Beimischung von Braunkohle entstand. Der Betrieb hatte bereits in den 1920er Jahren über 100 festangestellte Mitarbeiter.

1958

1975 fand die Ziegelproduktion ihr Ende. Ab den 1980er Jahren wurden die Produktionsgebäude der Ziegelei Renz schrittweise abgebrochen und für das Areal neue Nutzungskonzepte entwickelt. Zwischenzeitlich haben der Wohnungsbau im Süden und Westen sowie Gewerbebetriebe im Norden das einstige Gelände der Ziegelei eingegrenzt. Auf dem Luftbild des Jahres 2007 werden gerade die Fundamente für ein Ärztehaus und ein Hotelgebäude betoniert. Westlich davon sollen zukünftig Wohnhäuser entstehen. Von der Ziegelei Mayer & Reinhard ist lediglich das Anwesen „An der Brunnstube 2" verblieben, welches sich heute hinter hohen Bäumen versteckt. Die Bildmitte wird noch dominiert vom Druckgusswerk Wolf, für das eine Auslagerung angedacht ist.

2007

N

„DREI-BÄUMERL-BERG" UND KLEIN-GARTENANLAGE KÖNIGSWIESEN

1968, als diese Aufnahme entstand, war die Kleingartenanlage an der Nordwestflanke des Königswiesener Berges noch ganz neu. Die Parzellengröße war von der Stadt auf zirka 200 Quadratmeter festgelegt worden. Unterhalb, an der damals noch nicht ausgebauten Kirchmeierstraße, errichtete der Eisenbahnsportverein 1927 einen Fußballplatz, Tennisplätze und Anlagen für Leichtathletik.

Der Königswiesener Berg, im Volksmund „Drei-Bäumerl-Berg" genannt, wurde noch landwirtschaftlich genutzt. Die Scheunen und Wirtschaftsgebäude des einstigen Gutes Königswiesen sind am Bildrand rechts oben erkennbar.

1968

1971 begann die Bebauung des Königswiesener Berges. Während im Generalbaulinienplan von Otto Lasne (1917) die Anhöhe noch von Bebauung frei gehalten werden sollte, sahen die städtebaulichen Ideen der 1960er Jahre die Betonung des Höhenrückens mit Hochhäusern vor. Eine weithin sichtbare städtebauliche Dominante wurde somit geschaffen.

Die Sportanlagen des ESV 1927, inzwischen ergänzt um eine Sporthalle, sind fast unverändert erhalten geblieben. Entlang der Kirchmeierstraße haben sich gewerbliche Nutzungen angesiedelt, angefangen vom größten Zweiradzentrum Ostbayerns im Westen bis zu Einrichtungen rund ums Auto im Osten des Bildes.

2007

WOHNSIEDLUNG ZWISCHEN BOGENSTRASSE UND HAFNERSTEIG

An einer historischen Wegebeziehung, die einst vom Gut Königswiesen nach Regensburg führte – sie ist auf dem Luftbild von 1961 noch deutlich zu erkennen – errichtete 1950 die Landeswohnungsfürsorge zwischen der Bogenstraße und dem Hafnersteig Reihen- und Mehrfamilienhäuser.

Die bereits im 19. Jahrhundert als Königswiesenweg bezeichnete Verbindung führt, teils von Bäumen gesäumt, nordostwärts die Anhöhe hinunter. Dort trifft der Königswiesenweg auf den ebenfalls historischen Hafnersteig, der zur Stadt führt. Westlich des Königswiesenweges weisen dunkle Verfärbungen in den anschließenden Feldern auf verfüllte Bombentrichter hin.

1961

Rund 50 Jahre später bedarf der Blick aus der Luft gewisser Erläuterungen. Die 1959 erbauten Reihenhäuser grenzen südlich nun an die Erzbischof-Buchberger-Allee an. Südlich davon befinden sich das Von-Müller-Gymnasium mit der Dreifachsporthalle sowie die Grundschule Königswiesen. Die Baustelle dokumentiert den Neubau dieses städtischen Gymnasiums, das als Ganztagsschule konzipiert ist und Mitte 2010 eingeweiht wurde.

Über eine städtebauliche Dominanz verfügt auch das an der Klenzestraße gelegene Studentenwohnheim Königswiesen (Klenzestraße 25 und 27) am linken Bildrand, das 210 Appartements zur Verfügung stellt.

2007

EISENBAHNANLAGEN AN DER KIRCHMEIERSTRASSE

In den letzten Jahrzehnten des 19. Jahrhunderts entstanden zwischen Prüfening und Burgweinting weitläufige Bahnanlagen mit Gleissträngen, Remisen und Werkstätten. Das Luftbild von 1958 zeigt in der Bildmitte den 1901 errichteten Rundlokschuppen, der in den Jahren nach 1945 wegen der Kriegszerstörung teilweise erneuert wurde.

Östlich davon sind die Bahnwerkstätten situiert, an denen sich ein weiterer Lokschuppen anschließt. Dieser wurde ab den 1950er Jahren für elektrische Lokomotiven genutzt. Nördlich davon sind der Rangierbahnhof, der Nordbahnhof, der Güterbahnhof und der Ladehof erkennbar.

Im Vordergrund des Bildes, südlich des Betriebswerks, ist das Kraftwagenbetriebswerk der Bahn zu sehen. Später dienten die Hallen als Depot für die Bahnbusse.

1958

50 Jahre später haben sich die logistischen Konzepte im Güterverkehr grundlegend gewandelt. Von den einst Hunderten von Güterwaggons, die im Regensburger Westen tagtäglich rangiert werden mussten, ist nichts mehr zu sehen. Zwischen den stillgelegten Gleisen wächst bereits erstes Grün. Auch die Lokschuppen und Werkstätten wurden zurückgebaut. Auf dem Rückzug befinden sich auch die bahnorientierten Speditionen, wie beispielsweise die Firma Schenker, die jahrzehntelang in den Hallen mit dem charakteristischen „Sheddach" aktiv war.

Das ehemalige Kraftwagenbetriebswerk ist einem namhaften Lebensmitteldiscounter mit einer ungewöhnlichen architektonischen Gestaltung sowie einem Getränkemarkt gewichen.

Das Areal zwischen der Kumpfmühler und der Dechbettener Brücke wartet derzeit noch auf eine neue städtebauliche Entwicklung und wird in 50 Jahren, wenn es wieder einen Bildband zur Stadtentwicklung geben sollte, ebenfalls nicht mehr wieder zu erkennen sein.

2007

KARMELITENKLOSTER
ST. THERESIA, KUMPFMÜHL

1899 entschied sich das Karmeliten-kloster St. Josef (Alter Kornmarkt), im Ortsteil Kumpfmühl ein Filial-kloster mit Knabenseminar zu er-richten. Das Kloster besaß bereits seit 1851 in Kumpfmühl ein großes Grundstück mit einem Fischteich, auf dem nun die Kirche und das Se-minargebäude Platz finden sollten. Bereits am 27. August 1900 konnte der Kirchenbau, der nach den Plä-nen des Regensburger Architekten Krämer im Stil des Neobarock ent-stand, konsekriert werden. Auf dem Luftbild aus dem Jahr 1958 sind noch die nördlich des Komplexes anschlie-ßenden Klostergärten sowie die eins-tige Straßensituation mit der alten Kumpfmühler Brücke erkennbar.

Am rechten unteren Bildrand ist das 1956/57 errichtete Druck- und Ver-waltungsgebäude der Firma Pustet zu sehen, am linken Bildrand Miets-wohnungen des St. Wolfgangsbau-vereins, der ab 1895 insbesondere in Kumpfmühl agierte.

1958

Die moderne Verkehrserschließung hat mittlerweile auch Kumpfmühl erreicht. In den 1970er Jahren entstand mit dem Anschluss der Kirchmeierstraße an die Westumgehung eine weitere Anbindung von der Autobahn zum innerstädtischen Straßennetz. Die Zunahme des Individualverkehrs erforderte nun den Ausbau des so genannten „Kumpfmühler Stachus". Bereits 1991 wurde die neue Kumpfmühler Brücke über die Bahnanlagen errichtet. Zehn Jahre später folgte der Ausbau des Verkehrsknotens Friedenstraße, Kirchmeierstraße, Kumpfmühler Straße und Bischof-Wittmann-Straße im Bereich des südlichen Brückenkopfes. Im Umfeld der großen Kreuzung entstanden schon in den Jahren 1979 bis 1982 im ehemaligen Klostergarten der Karmeliten Wohnungen für Senioren. Seit 1999 markiert das dreieckförmige Büro- und Geschäftshaus „Atrium" den Kreuzungsbereich in besonderer Weise.

Der Orden der Karmeliter hat sich zwischenzeitlich ganz aus Kumpfmühl zurückgezogen. 1975 wurde das Knabenseminar aufgelöst, 1987 das Kloster.

Die Firma Pustet hat Mitte der 1990er Jahre ihren Betrieb nach Norden hin erweitert und grenzt jetzt an das Büro Z an, einem modernen Bürokomplex aus drei verschieden langen Gebäuderiegeln, die durch verglaste Baukörper miteinander verbunden sind.

BRAUEREIQUARTIER AM GALGENBERG

Mitte des 19. Jahrhunderts errichteten zahlreiche in der Altstadt produzierende Brauereien Lagerkeller im Gebiet zwischen dem Unterislinger Weg und dem Eisbuckel. Zunächst sollte das Bier dort lediglich bis in die heißen Sommermonate hinein frisch gehalten werden. Später fand bei den Kellern im Sommer ein Ausschank statt. Unter schattigen Bäumen genoss die Regensburger Gesellschaft das kühle Bier und um die Jahrhundertwende wurden sowohl das gastronomische Angebot als auch die Unterhaltung durch „Livemusik" weiter ausgebaut.

Parallel zu dieser Entwicklung verlagerten viele Brauereien auch ihre Produktionsstätten aus der Enge der Altstadt hinauf auf den Galgenberg, so wie das im Bild deutlich gekennzeichnete Brauhaus Regensburg. Im rechten Bilddrittel befindet sich 1956 wie 2008 das Gebäude der Alten Mälzerei, heute eine Stätte der Jugendkultur. Nördlich anschließend ist der Gastgarten des Kneitinger Kellers mit seinem dichten und hohen Baumbestand zu sehen.

1956

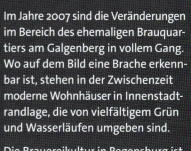

Im Jahre 2007 sind die Veränderungen im Bereich des ehemaligen Brauquartiers am Galgenberg in vollem Gang. Wo auf dem Bild eine Brache erkennbar ist, stehen in der Zwischenzeit moderne Wohnhäuser in Innenstadtrandlage, die von vielfältigem Grün und Wasserläufen umgeben sind.

Die Brauereikultur in Regensburg ist in den letzten Jahrzehnten etwas ärmer geworden. Während im Jahr 1956 im Stadtgebiet noch zehn Brauereien produzierten, sind es heute nur noch drei.

Auf dem ehemaligen Gelände der Fürstlichen Brauerei von Thurn und Taxis entstand nach den Plänen der Münchner Architekten Prof. Otto Steidle + Partner ein völlig neues Stadtviertel. Dieses erreicht durch eine typologische Vielfalt und die Überlagerung verschiedenster Nutzungen und Wohntypen einen hohen Grad an städtischer Lebendigkeit. Dem Wohnquartier liegt ein Farbkonzept des Berliner Künstlers Erich Wiesner zugrunde, das auch überregional Beachtung findet.

2007

VW HARTL AN DER GALGENBERGBRÜCKE

1948 eröffnete Franz Hartl an der Friedenstraße einen Kraftfahrzeugbetrieb. In den 1950er Jahren avancierte „VW Hartl" zum Repräsentanten des VW-Konzerns in der Region und zum VW-Großhändler. Als 1976 der Firmengründer verstarb, übernahm Wolfgang Jepsen das Unternehmen und baute es an weiteren Standorten im Stadtgebiet aus.

Wie auf dem Foto von 1958 deutlich erkennbar ist, schloss sich westlich des Autohauses das Bahnbetriebswerk Regensburg an. In der Bildmitte ist die genietete Stahlkonstruktion der alten Galgenbergbrücke zu erkennen, die seit den 80er Jahren des 19. Jahrhunderts über die Bahngleise führte.

1958

Nach 50 Jahren ist der Bereich zwischen dem Bahnhof und der Friedenstraße nicht mehr wiederzuerkennen. Den Stätten harter Arbeit sind Anziehungspunkte des Konsums und der Unterhaltung gefolgt. 2001 trat ein Bebauungsplan in Kraft, der das von der Bundesbahn aufgegebene Areal zwischen dem Gleiskörper und der Friedenstraße neu ordnen sollte. Bereits im Vorfeld dieser Planung entstand 1998 am südlichen Brückenkopf der Galgenbergbrücke ein Multiplexkino mit acht Leinwänden. 2002 konnte das Einkaufszentrum „Regensburg Arcaden" eröffnet werden, das seit 2003 durch einen gläsernen Steg mit dem Bahnhof verknüpft ist. Damit verbunden war auch eine Erweiterung der Innenstadt nach Süden, wie sie in den 1960er Jahren bereits angedacht war.

Wir sind am Ende unseres Rundflugs über die Stadt Regensburg angekommen und kehren zum Ausgangspunkt zurück. Jenseits des Alleengürtels erhaschen wir noch einmal einen Blick auf die östliche Altstadt mit dem markanten Ostentor und dem Neuen Rathaus am linken oberen Bildrand.

2007

Luftbildnachweis

Alle farbigen Luftbilder, die nicht gesondert nachgewiesen sind, sowie der Umschlag Vorder- und Rückseite (farbiger Teil) stammen von

**Luftbild Nürnberg,
Hajo Dietz**
Jochensteinstraße 13
90480 Nürnberg
www.nuernbergluftbild.de

Luftbildverlag Hans Bertram GmbH
Am Flughafen 44
87766 Memmingerberg
www.luftbild-bertram.de

Umschlag Rückseite,
Seite 39 (s/w-Teil),
Seiten 42, 44, 46, 48, 52, 54, 56, 58, 62, 64, 68, 70, 72, 76, 78, 80, 82, 84, 86, 88, 90, 92, 94, 96, 98, 100, 102, 104, 108, 114, 116, 124, 128, 130, 132, 134, 136, 140, 144, 146, 148, 150, 154, 156, 158, 162, 164, 166, 168, 170, 174, 176, 182, 184, 186, 190, 194, 196, 198, 200, 202, 204, 206, 208, 210, 214, 216, 222, 224, 226, 230, 232, 234, 236, 238, 240, 242, 246, 250, 266, 270, 272, 274, 276, 278

**Westdeutscher Luftfoto,
Palle Thomsen**
Bremen, 1954 bis 1971

Seiten 60, 110, 112, 118, 120, 122, 126, 138, 178, 188, 192, 212, 218, 228, 252, 264, 268

Luftbild Lorenz Wolf
Regensburg-Zeitlarn,
Firma wurde aufgelöst

Seiten 66, 74, 152, 220, 244, 248, 256, 260, 262

Strähle GmbH & Co. KG
Abteilung Luftbild
Jakob-Schüle-Straße 60
73655 Plüderhausen
www.straehle-luftbild.de

Seiten 50, 106, 142, 160, 180, 254, 258

Fotonachweis

Quellennachweis für Grafiken und Karten

**Bavaria – Flugbild GmbH,
Werner Schlund**
Schillerstraße 13
84453 Mühldorf
www.werner-schlund.de

Seite 172

**Luftbild Nürnberg,
Hajo Dietz**
Jochensteinstraße 13
90480 Nürnberg
www.nuernbergluftbild.de

Seiten 34 und 35

PAN Geo Angewandte Geografie Feifel
Schwarenbergstraße 25
70190 Stuttgart
www.pangeo.de

Seite 31

**Stadt Regensburg,
Stadtarchiv**
Keplerstraße 1
93047 Regensburg
www.regensburg.de

Seiten 14, 16, 19, 20, 21, 23, 25

**Prognos AG,
Prognos Zukunftsatlas 2007**
Goethestraße 85
10623 Berlin
www.prognos.com

Seite 33

**Stadt Regensburg,
Presse- und Öffentlichkeitsarbeit,
Herr Ferstl**
Rathausplatz 1
93047 Regensburg
www.regensburg.de

Seiten 11, 12, 14, 24

**Stadt Regensburg,
Amt für Stadtentwicklung**
Minoritenweg 10
93047 Regensburg
www.regensburg.de

Seiten 26, 27, 28

Thematisches Register

Das Register bezieht sich auf die Bildbeschreibungen, nicht auf die Abbildungen. Bezugspunkte, die außerhalb des Bildausschnitts liegen, sowie Personennamen sind nicht erfasst. Aufgrund ihrer Häufigkeit nicht berücksichtigt sind die Begriffe „Regensburg" und „Donau".

285